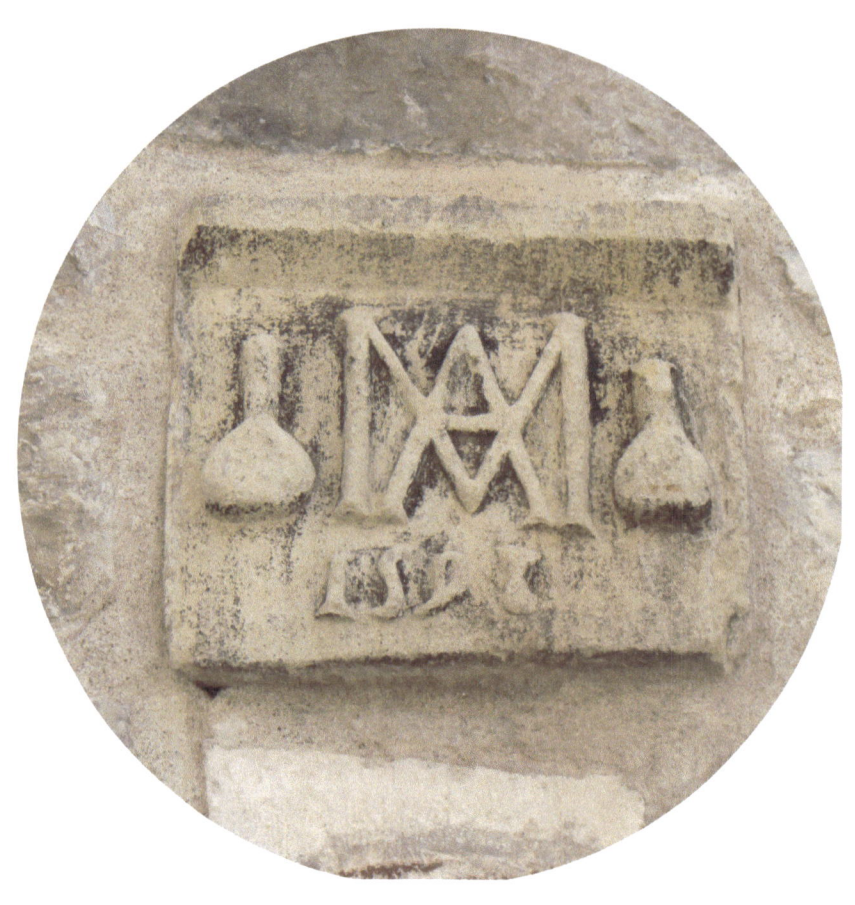

Ce livre fut pensé en numérique : en 2012, une version papier semblait impossible. Depuis l'obtention d'un identifiant fiscal aux États-Unis, une telle réalisation est concevable. Oui, il existe bien un problème de contrôle de l'édition en France !

La conception de ce document fut donc revue, pour une présentation de photos en couleur 600 Bpi. Le meilleur de l'impression au service de l'indépendance, et de Cajarc !

Cajarc selon Ternoise

Cajarc.info

Après Françoise Sagan, Georges Pompidou, Papy Mougeot : la beauté fut saisie...

Du même auteur*

Certaines œuvres sont connues sous différents titres.

Romans

La Faute à Souchon : (Le roman du show-biz et de la sagesse)
Quand les familles sans toit sont entrées dans les maisons fermées
Liberté j'ignorais tant de Toi (Libertés d'avant l'an 2000)
Viré, viré, viré, même viré du Rmi !
Ils ne sont pas intervenus (Peut-être un roman autobiographique)

Théâtre

Neuf femmes et la star
Les secrets de maître Pierre, notaire de campagne
Ça magouille aux assurances
Chanteur, écrivain : même cirque
Deux sœurs et un contrôle fiscal
Amour, sud et chansons
Pourquoi est-il venu :
Aventures d'écrivains régionaux
Avant les élections présidentielles
Scènes de campagne, scènes du Quercy
Blaise Pascal serait webmaster
Trois femmes et un Amour
J'avais 25 ans
 « Révélations » sur « les apparitions d'Astaffort » Brel Cabrel

Théâtre pour troupes d'enfants

La fille aux 200 doudous
Les filles en profitent
Révélations sur la disparition du père Noël
Le lion l'autruche et le renard,
Mertilou prépare l'été
Nous n'irons plus au restaurant

* extrait du catalogue, voir page 130

Stéphane Ternoise

Cajarc selon Ternoise

Cajarc.info

Après Françoise Sagan, Georges Pompidou, Papy Mougeot : la beauté fut saisie…

Jean-Luc PETIT Editeur - collection Lot

Stéphane Ternoise versant lotois :

http://www.lotois.fr

Tout simplement et logiquement !

Tous droits de traduction, de reproduction, d'utilisation, d'interprétation et d'adaptation réservés pour tous pays, pour toutes planètes, pour tous univers.

Site officiel : http://www.ecrivain.pro

© Jean-Luc PETIT - BP 17 - 46800 Montcuq – France

Stéphane Ternoise

Cajarc selon Ternoise Cajarc.info

Après Françoise Sagan, Georges Pompidou, Papy Mougeot : la beauté fut saisie...

"Deux Cajarc" : la ville, "le centre-ville", ses vieilles pierres au bord du Lot, et la campagne, ses petites routes sinueuses, ses gariottes, cazelles, pigeonniers, lavoirs...
Et la mémoire, comme cette maison natale de Françoise Sagan, son heurtoir que j'effleure en pensant à la jeune femme qui le saisissait, cette presque cazelle des années 1960 où des gendarmes s'installaient pour éviter que Georges Pompidou ne soit dérangé dans sa résidence secondaire de Premier ministre puis Président...
Les transformations du temps se lisent dans les pierres : arcades du moyen âge réaménagées ou

bouchées, volets délabrés et pourtant si poétiques (ils ne résisteront sûrement pas à l'arrivée de nouveaux propriétaires), un dolmen...
Des photos, des indications pour retrouver ces lieux... Puisse ces photos vous donner l'envie de vous égarer, un peu. Une nouvelle étape du projet pharaonesque http://www.communes.info, la présentation des 340 communes du Lot...

Stéphane Ternoise
Presque cajarcois
http://www.cajarc.info

Même si je ne me prive pas de quelques notes, je ne suis pas l'historien de votre ville : l'écrivain photographe de passage.

Qui vous offre un document, du présent. Pour l'Histoire. Un autre regard.

Reportage...

Franchir le pont, le pont suspendu de 1842...

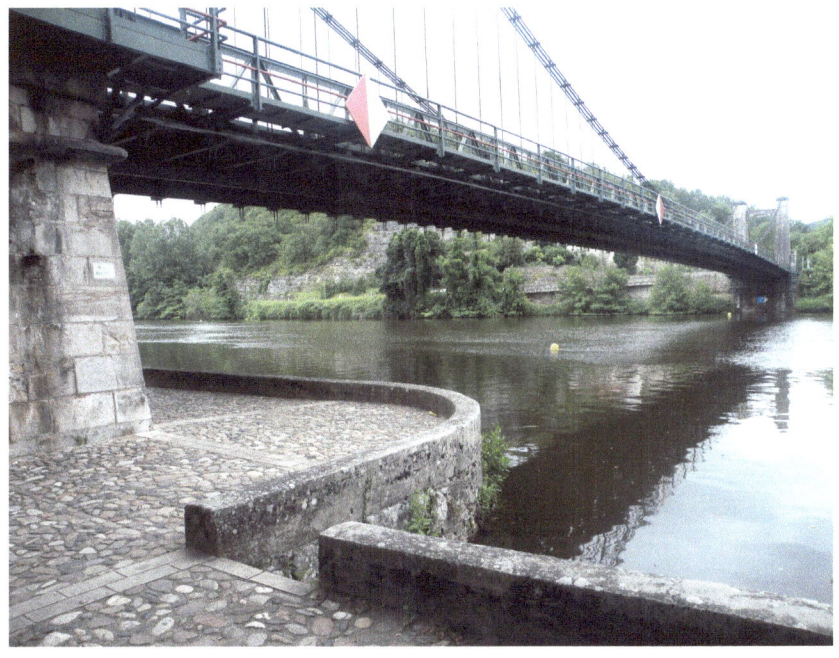

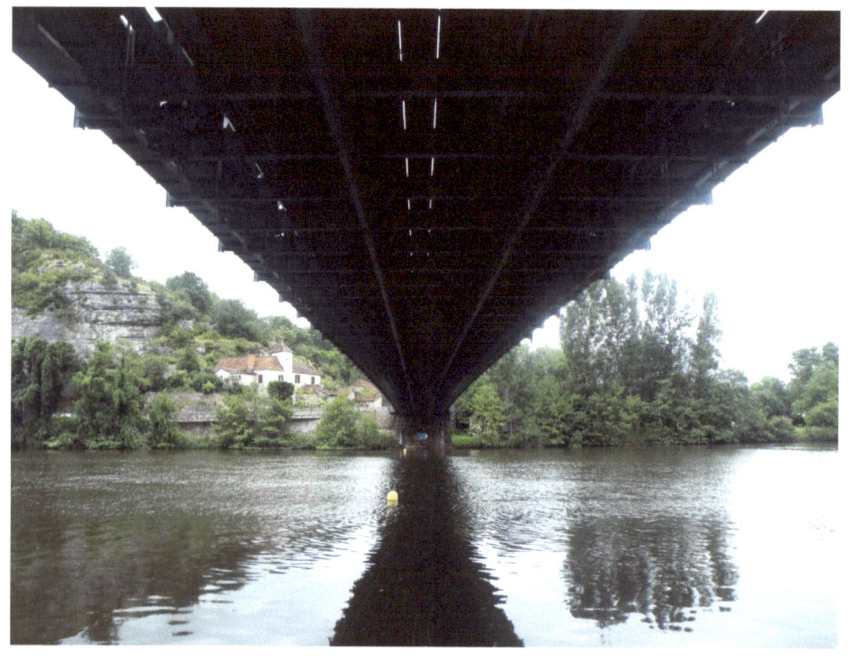

Avant lui, il semble qu'il n'y eut qu'un pont, construit vers 1320, permettant aux pèlerins de Saint-Jacques de Compostelle d'accéder à la ville. Une construction détruite par les anglais durant la guerre de Cent Ans, longtemps simplement remplacée par un modeste bac...

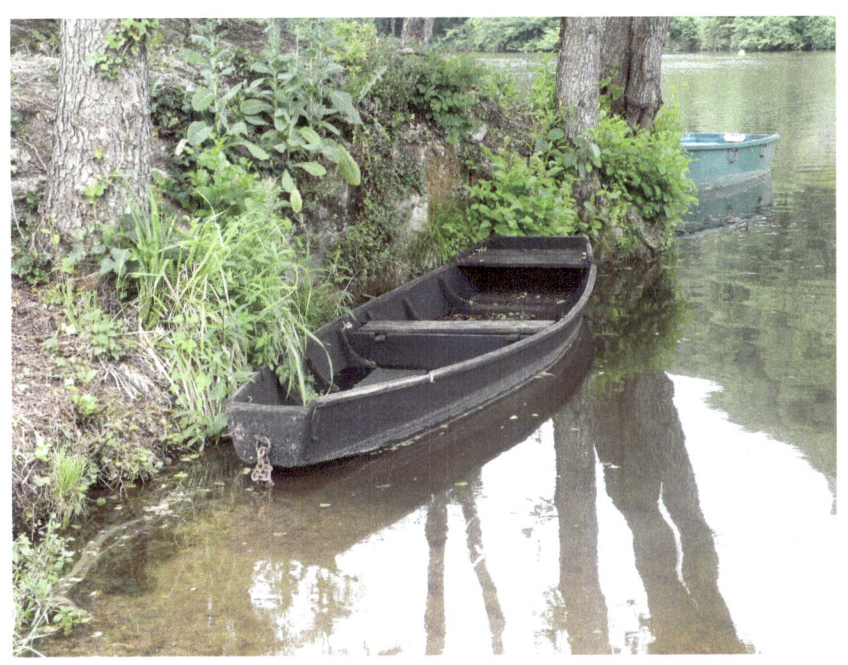

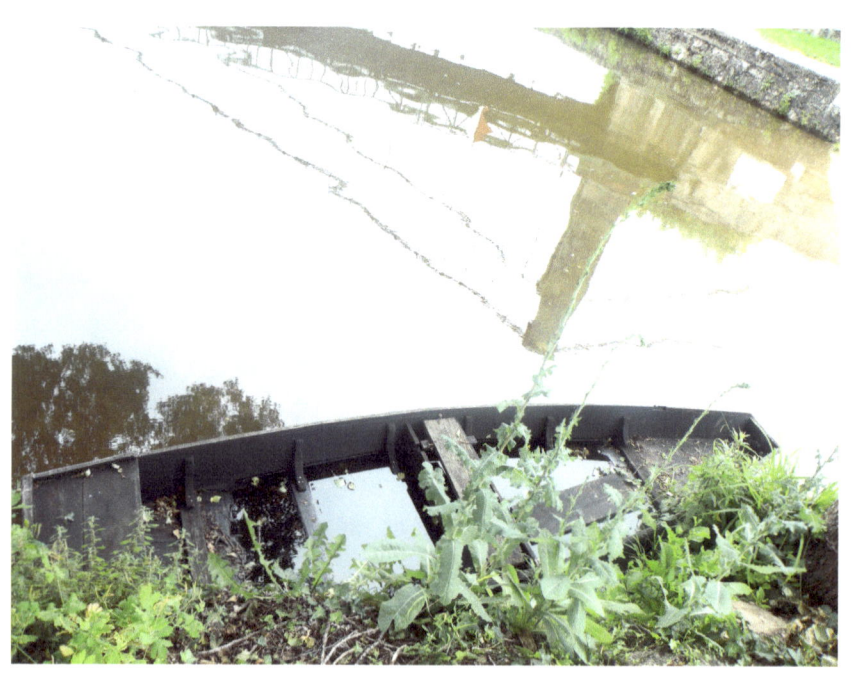

Au bord du Lot : Barri neuf... Barri pour "faubourg.", un nouveau quartier en dehors "des murs" de la ville, sur un terrain vendu par l'évêque de Cahors aux consuls, au quatorzième siècle. Le Lot constituait alors une source de richesses : un fleuve navigable et prisé des marchands. La maison du numéro 7 conserve ses arcades de ce quatorzième siècle.

Comme de nombreuses communes du Lot, Cajarc a vu sa population divisée par deux en deux siècles, et compte désormais un millier d'habitants... L'endroit bénéficie pourtant d'une renommée sans commune mesure avec sa population...

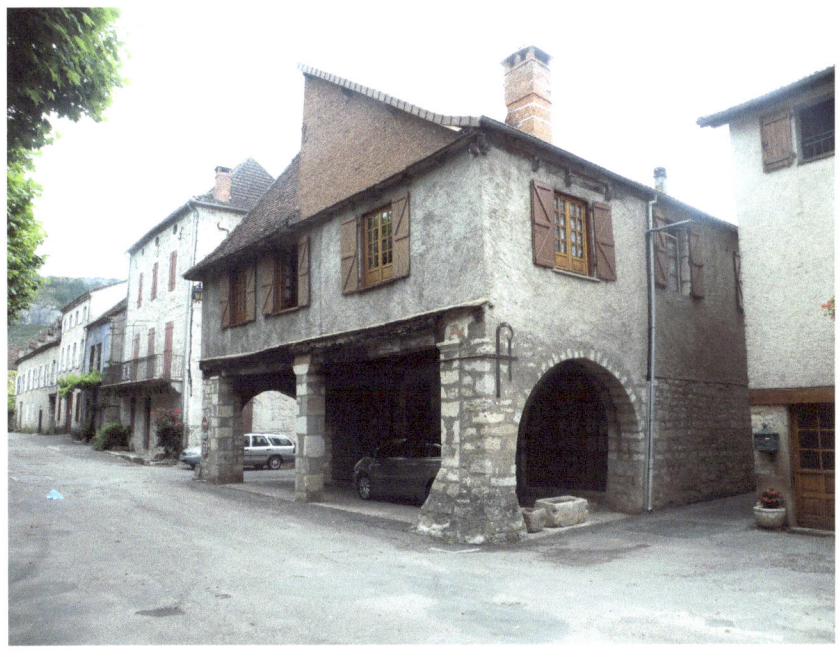

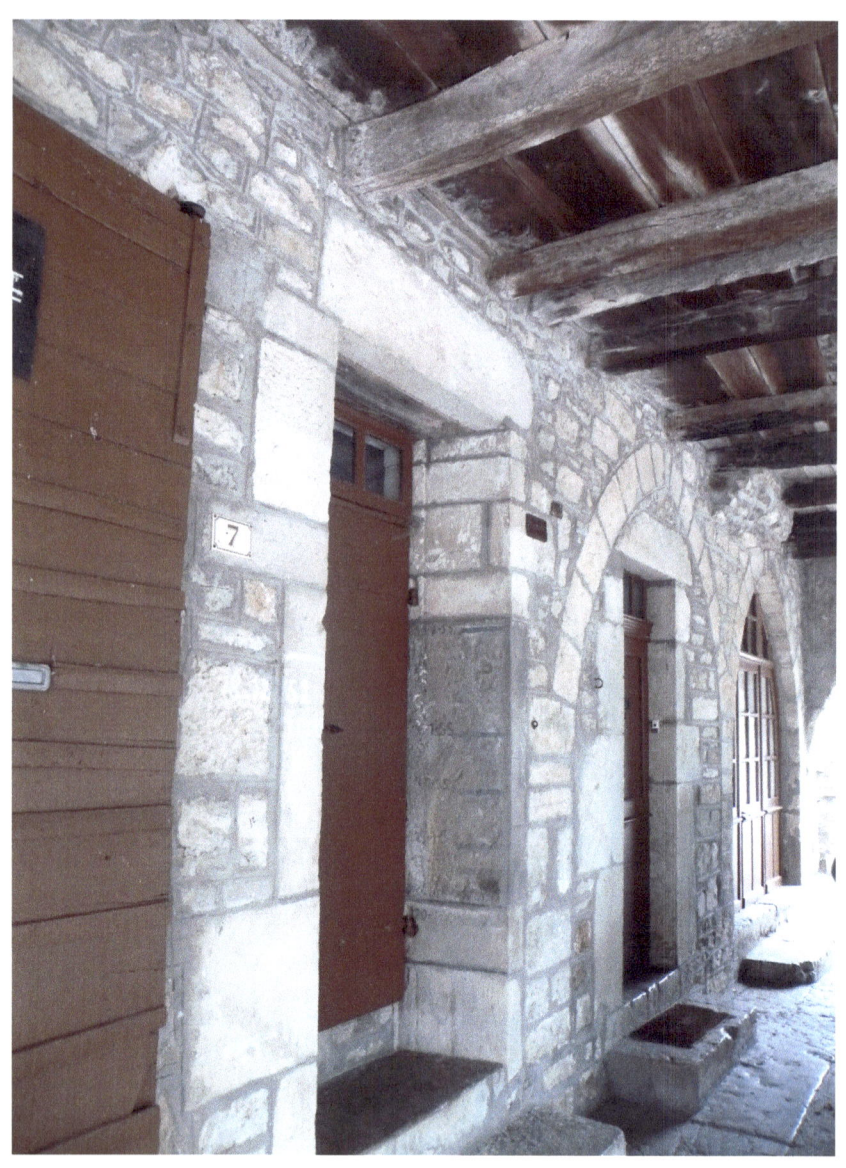

De l'autre côté du pont : le chemin des Mariniers, avec, plus près de la rivière, par exemple à emprunter au retour, le "chemin du Bord de Lot" ; entre les deux des jardins.

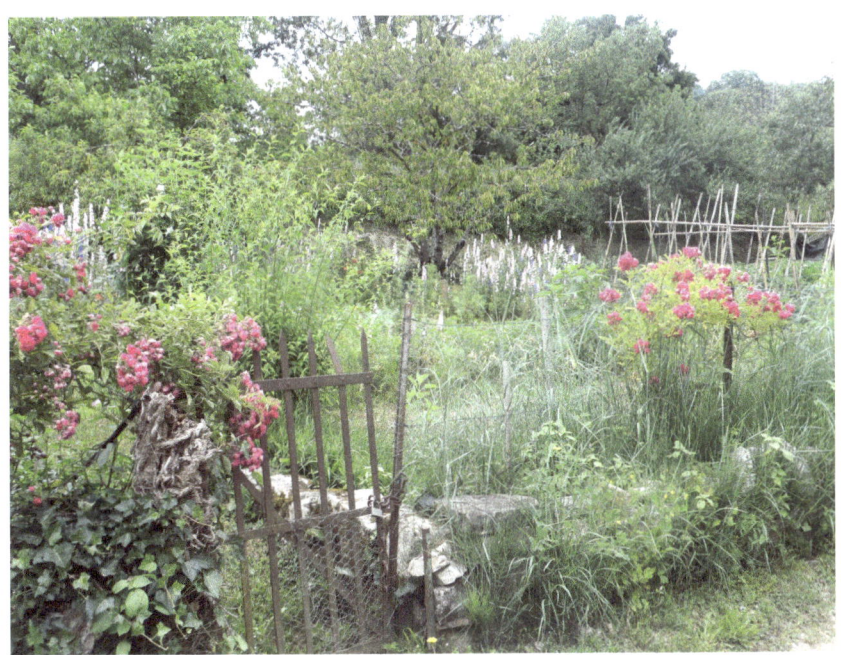

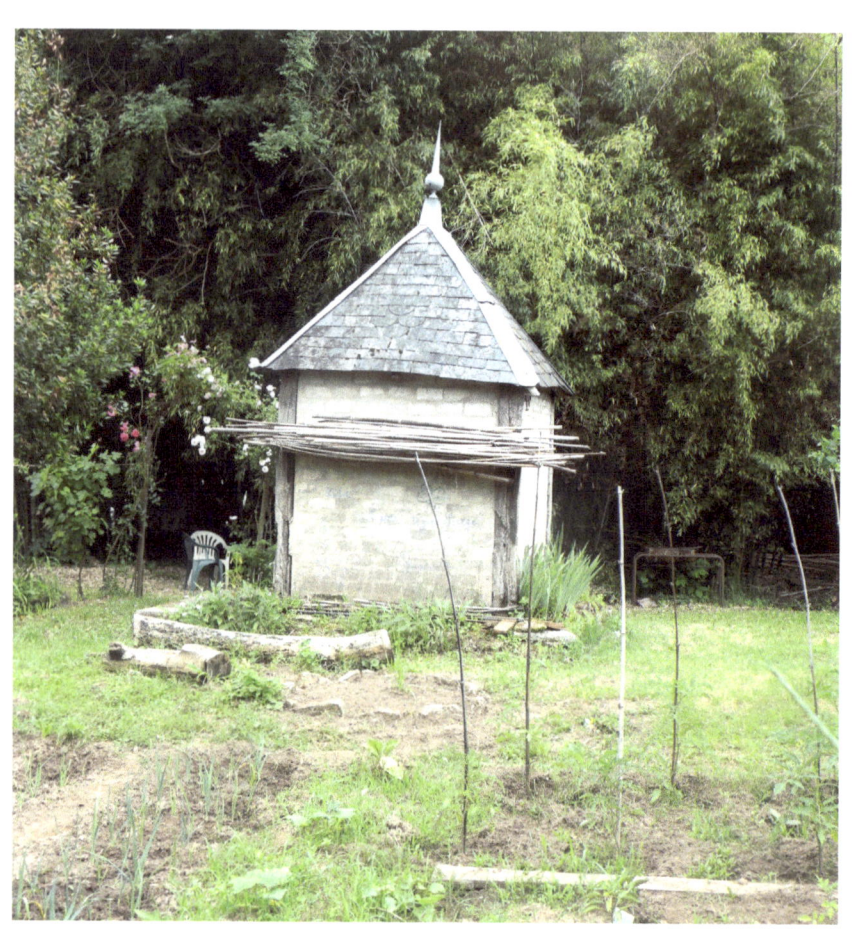

Ce chemin mène à la chapelle des Mariniers, du seizième siècle, dédiée à Sainte Marguerite (la patronne des mariniers)

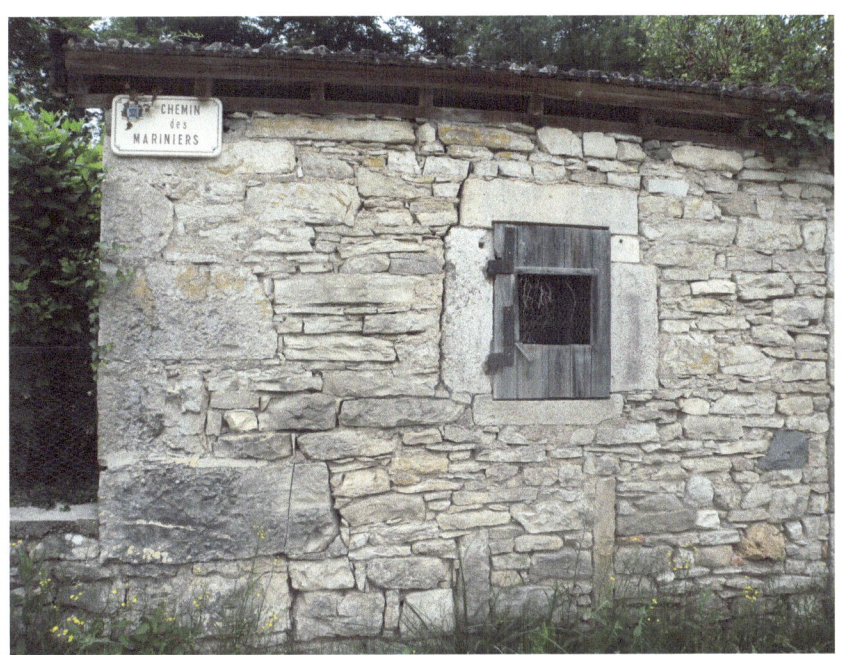

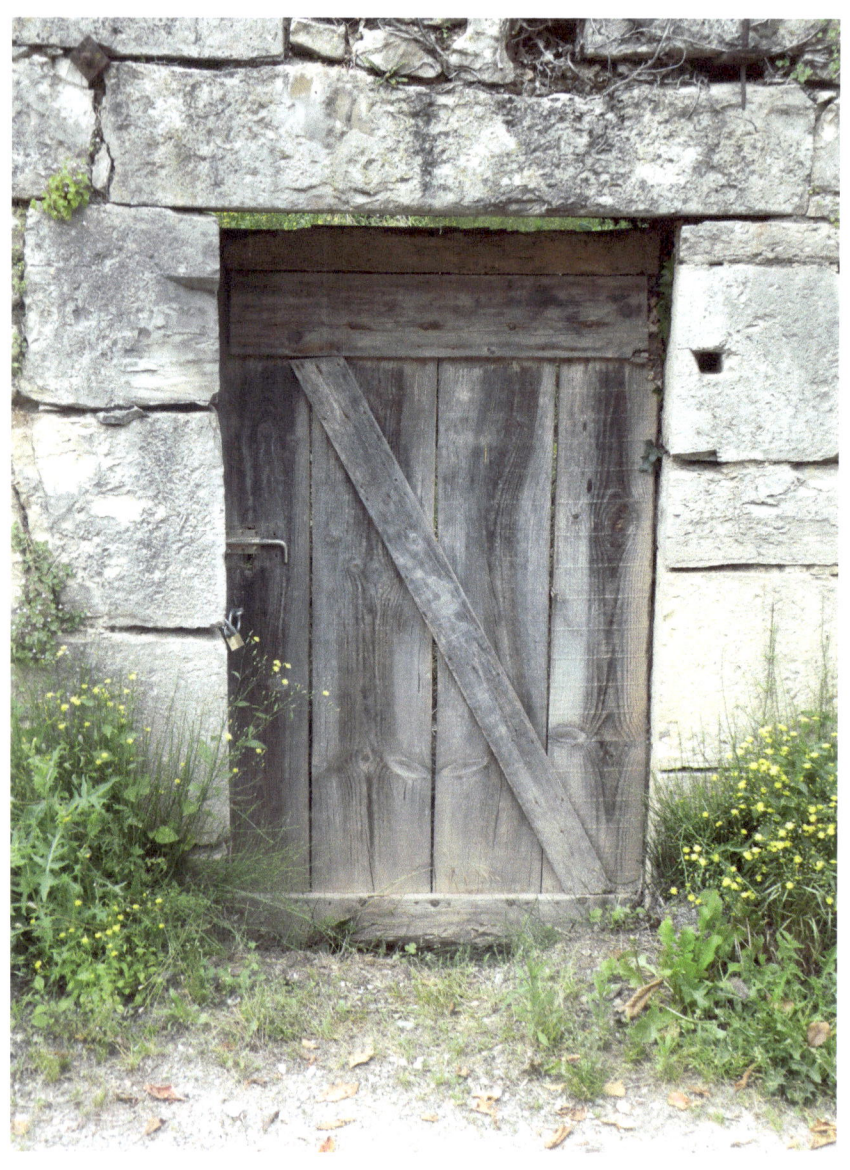

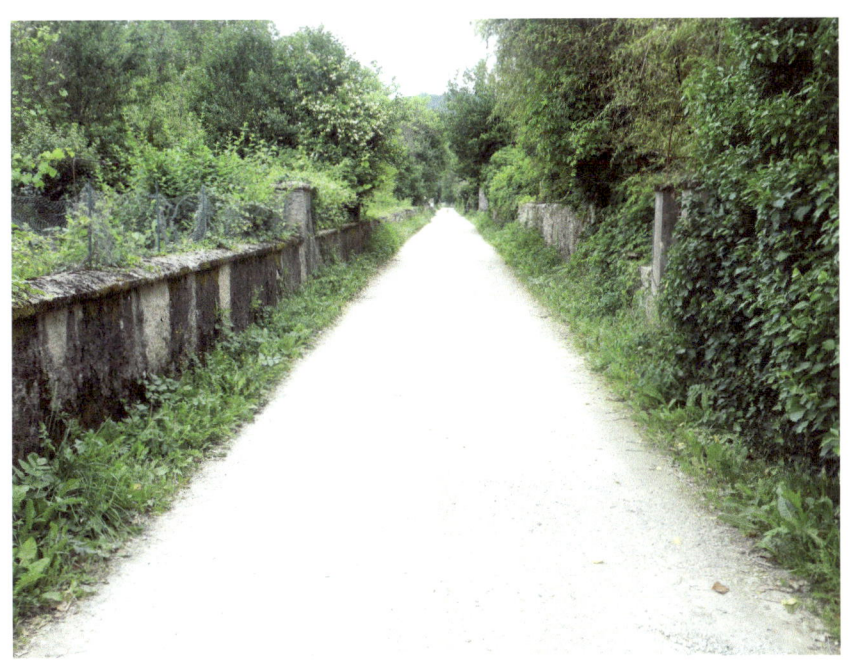

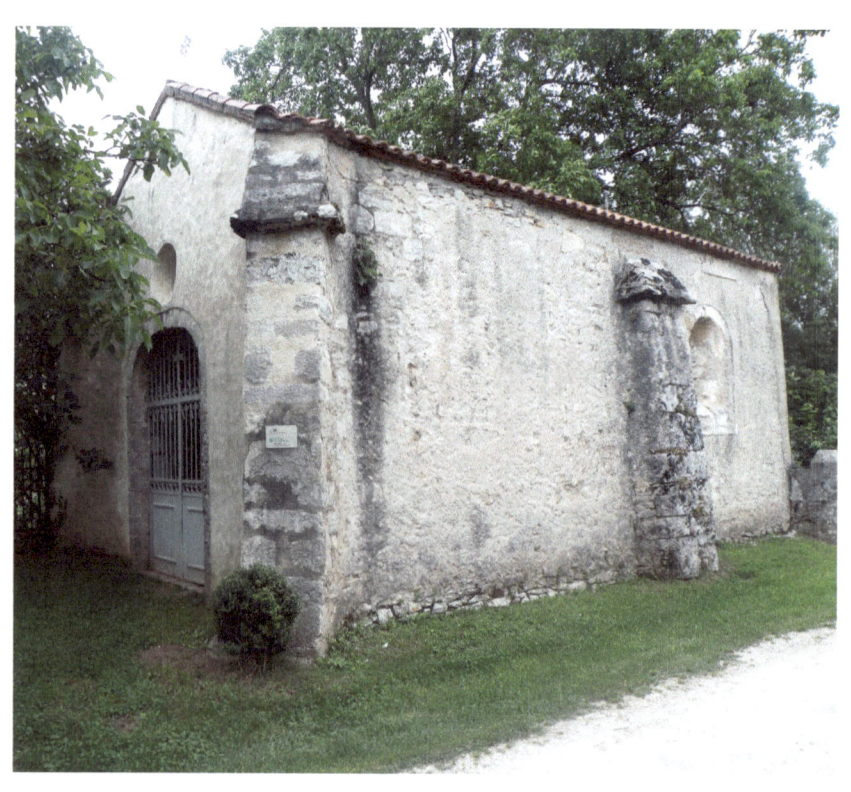

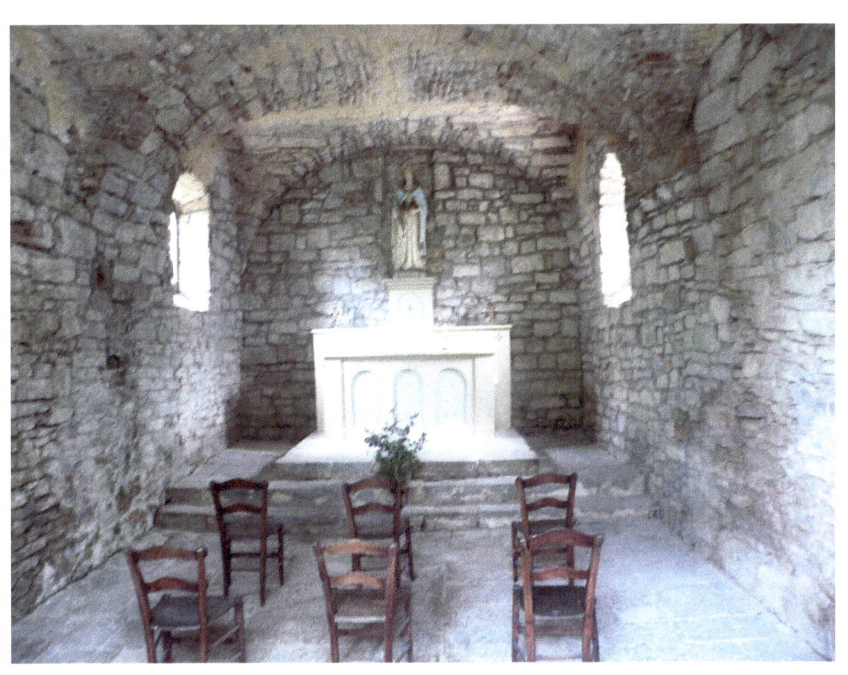

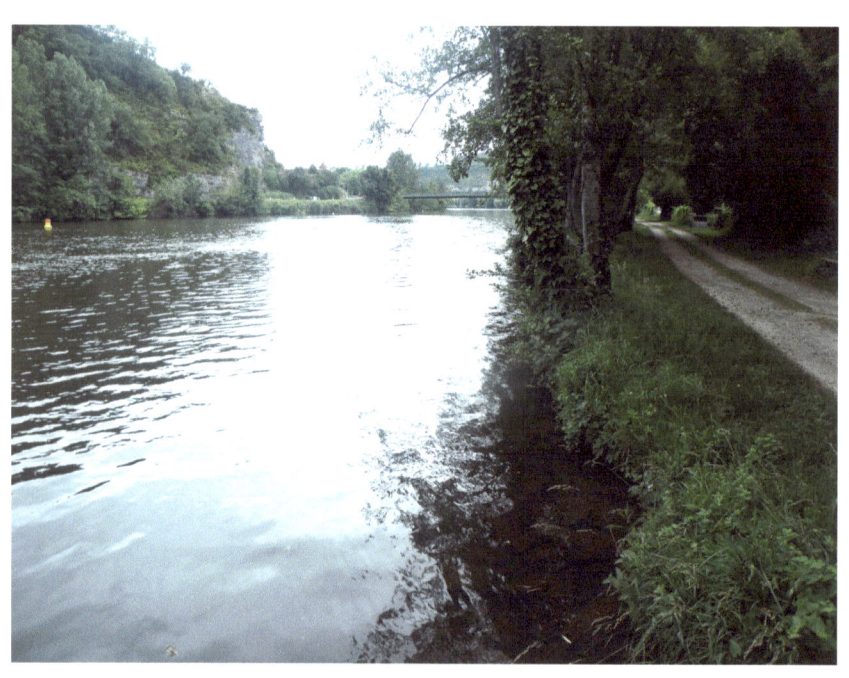

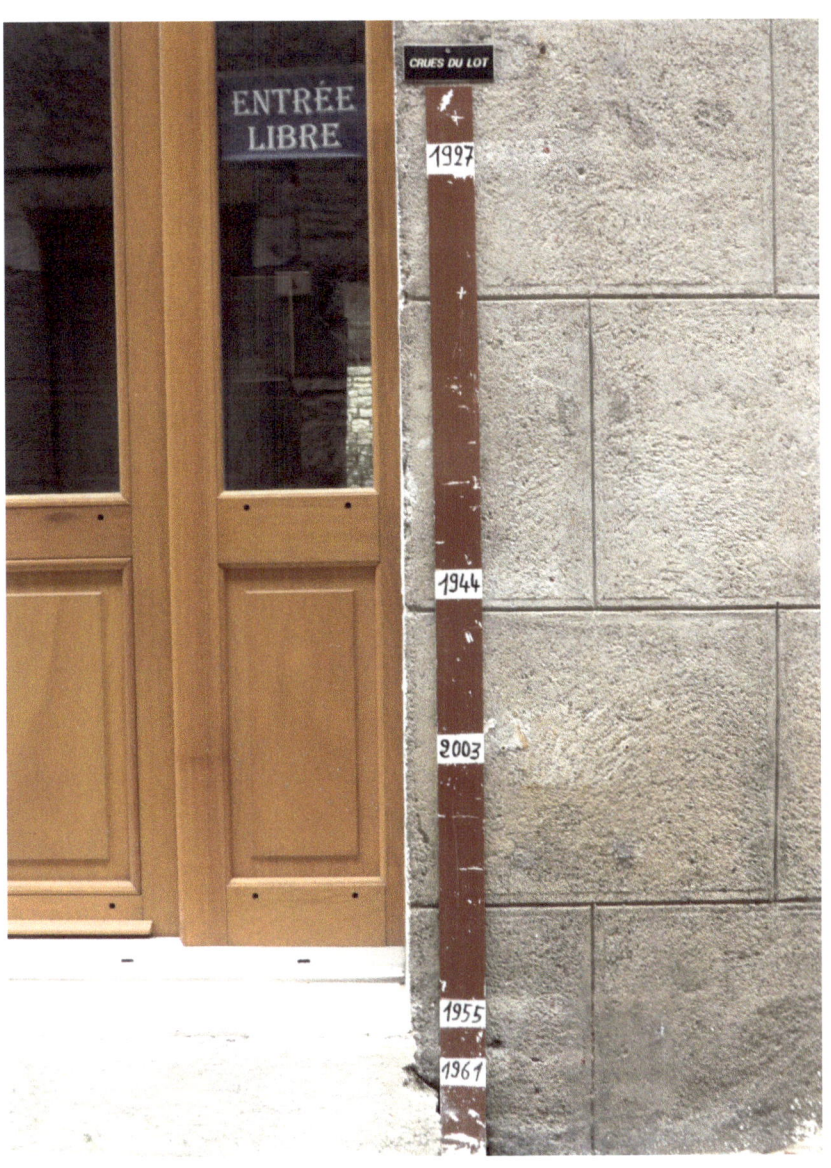

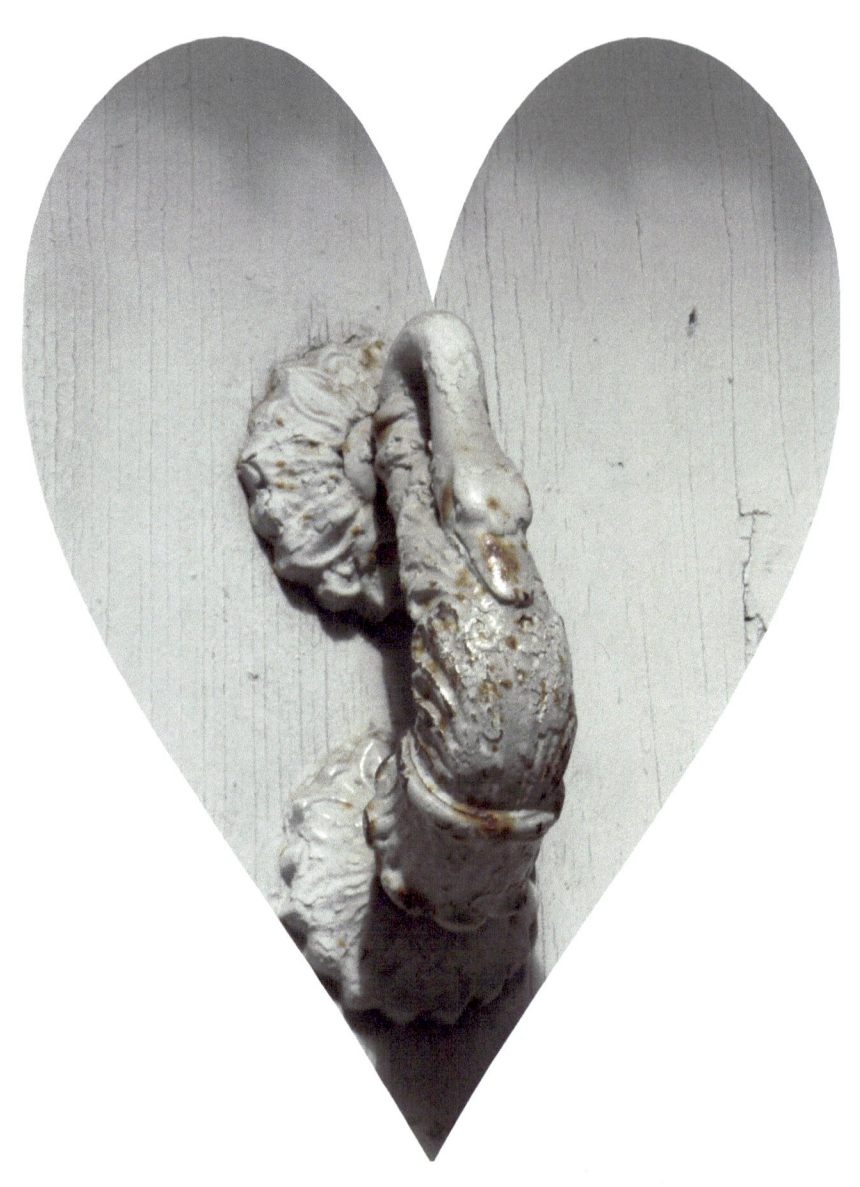

Le centre

La municipalité a installé un « *circuit découverte* ». Ainsi la maison Quoirez, maison natale de Françoise Sagan, s'est vue attribuer le point G. Peut-être un humour lotois. Puis visite…

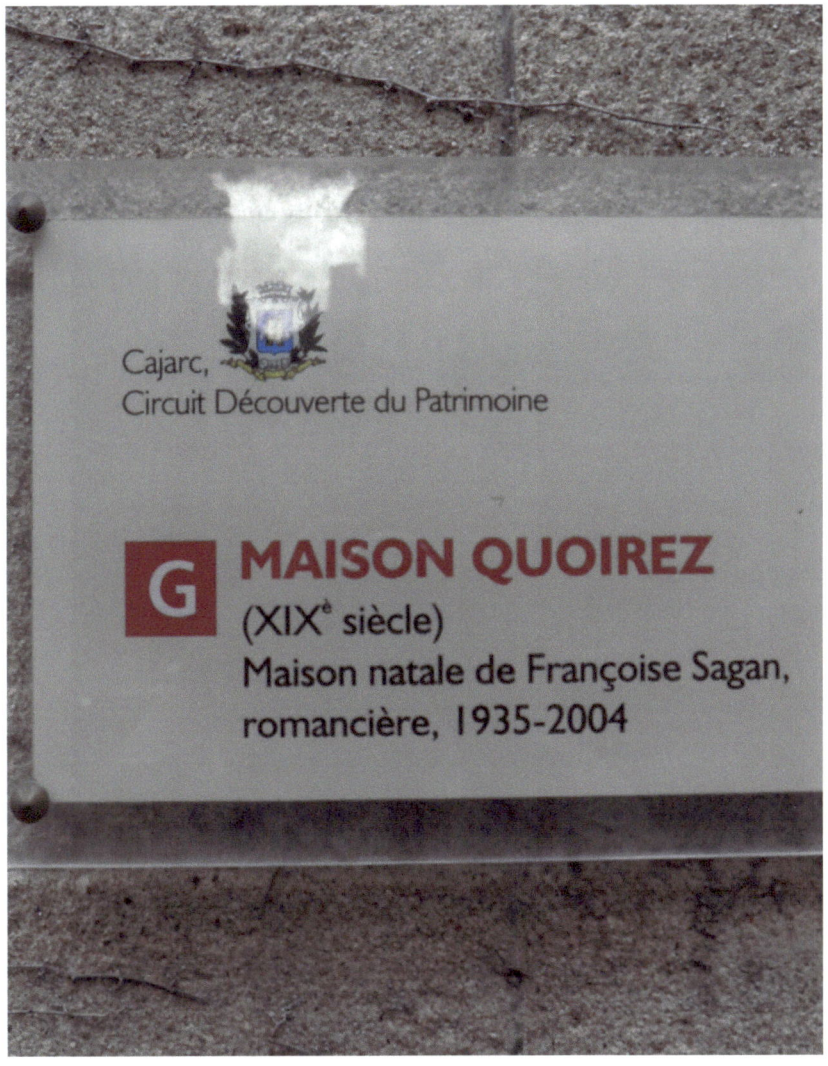

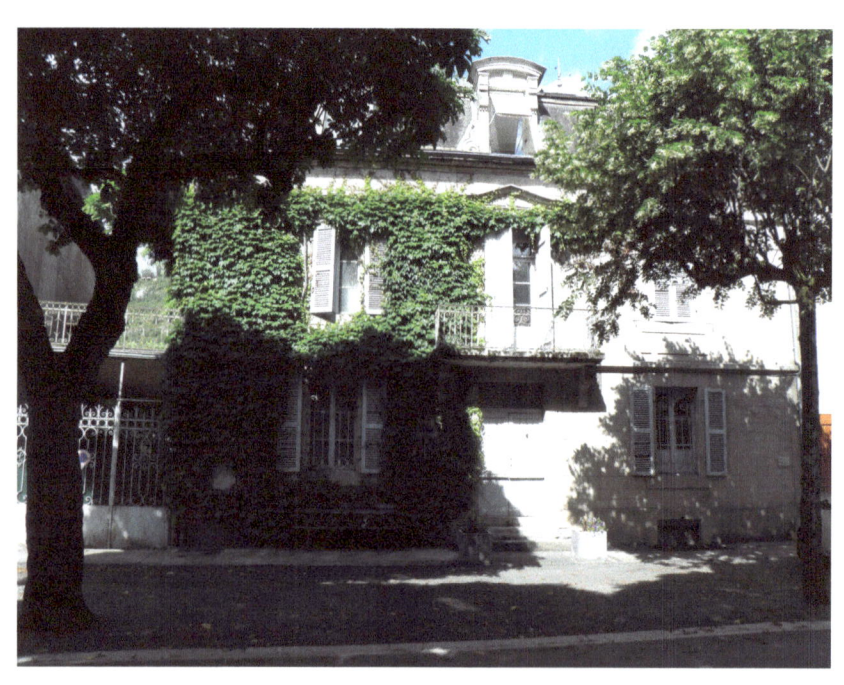

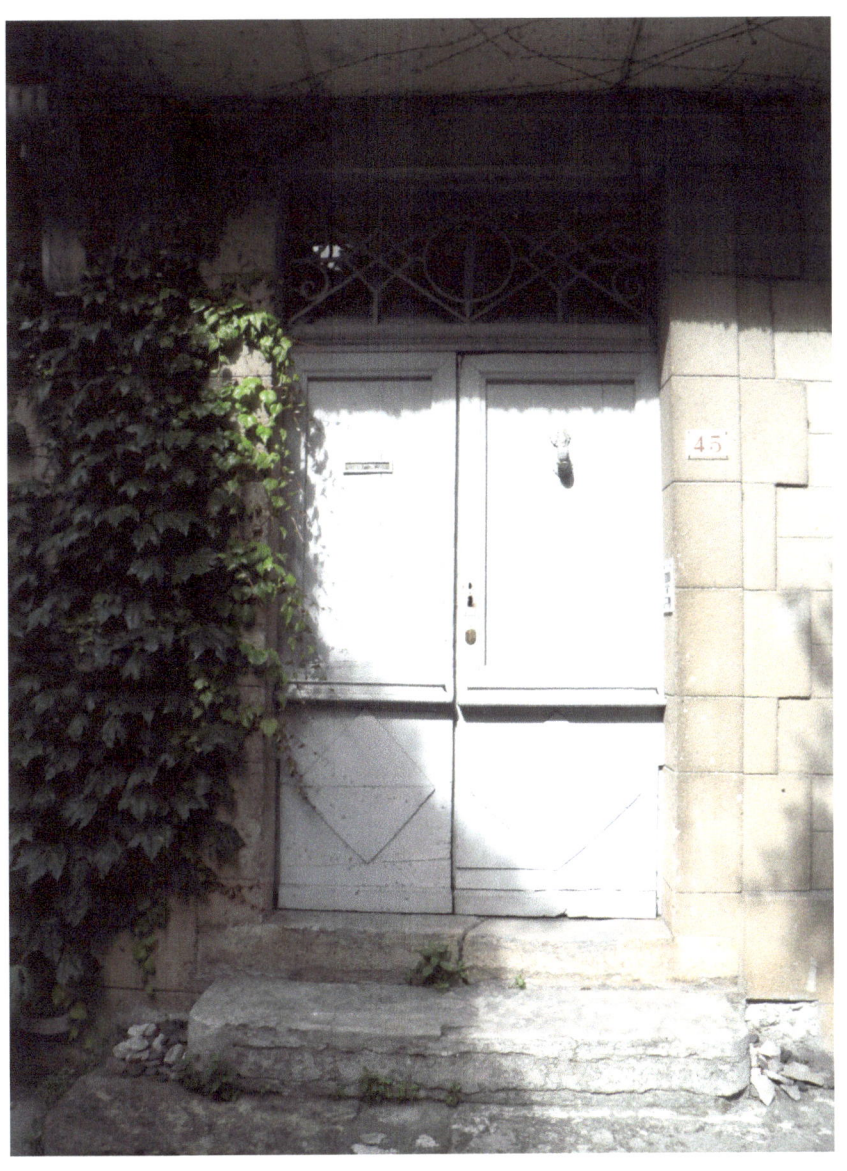

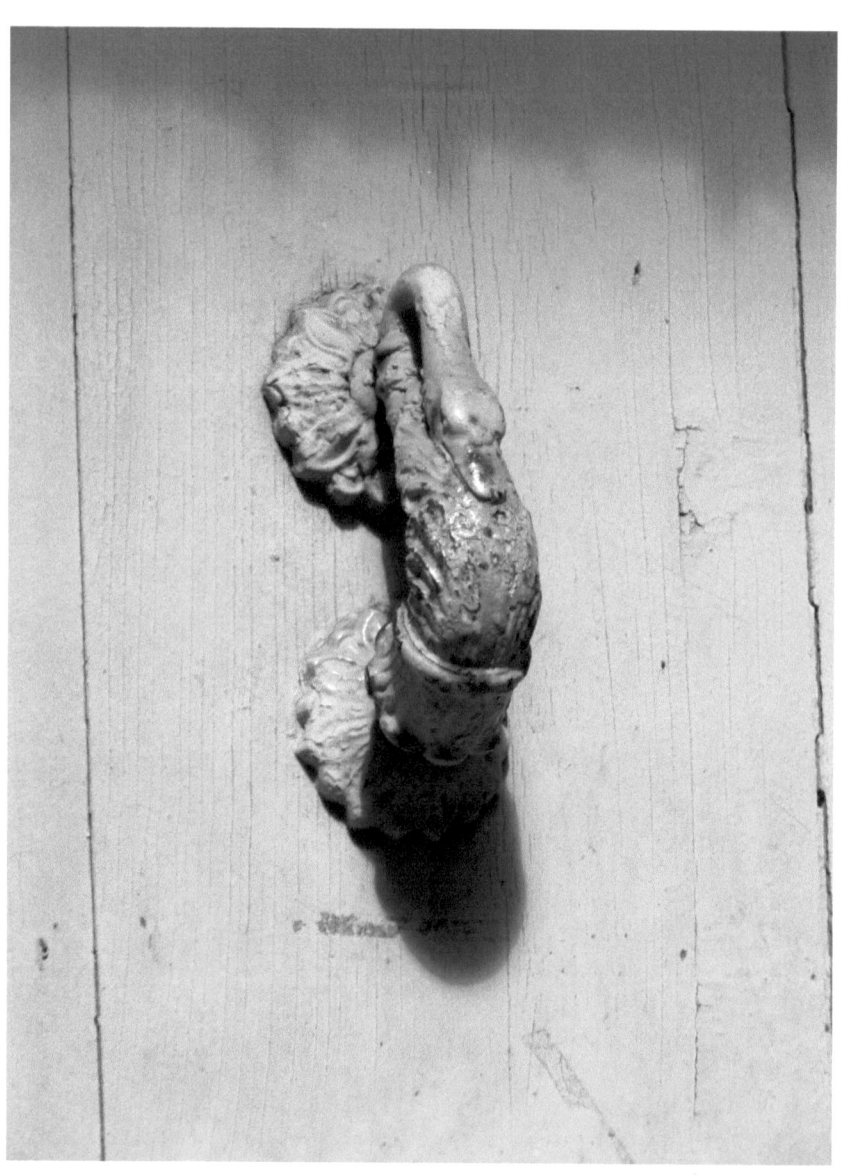

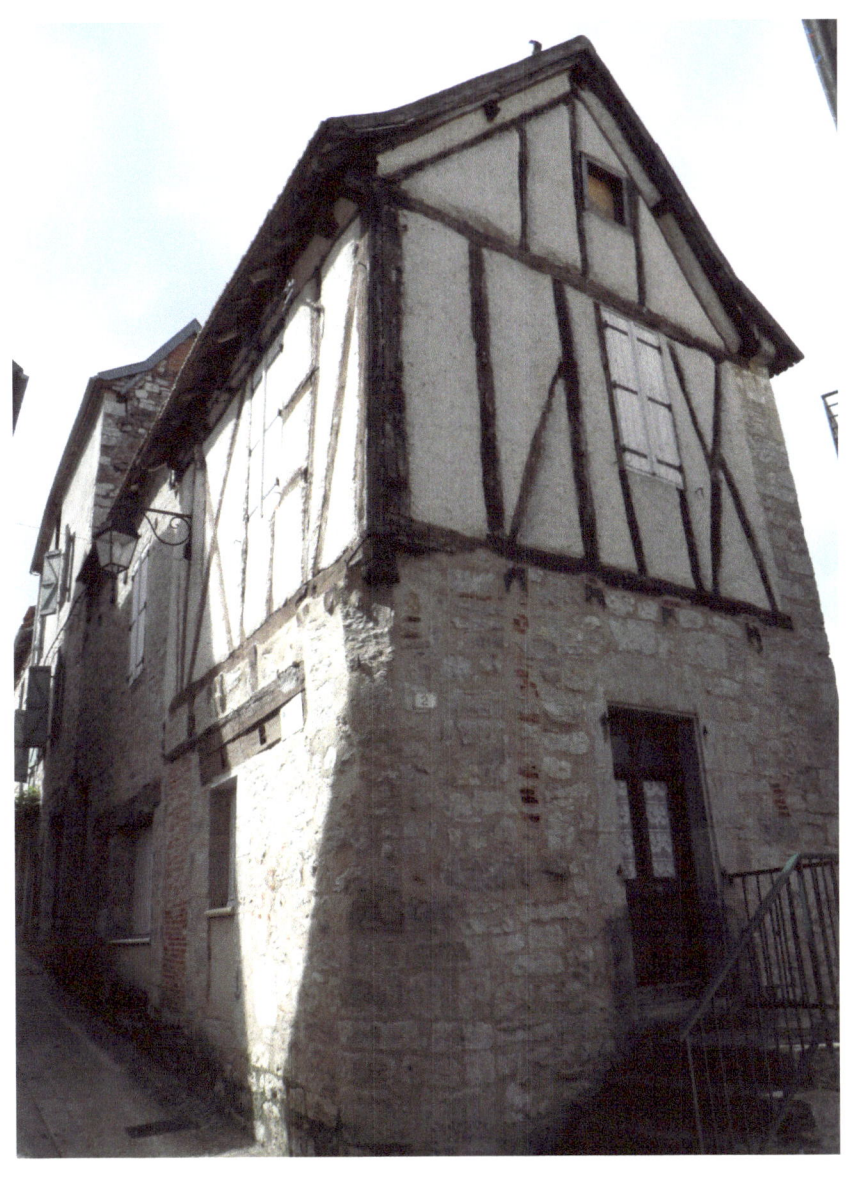

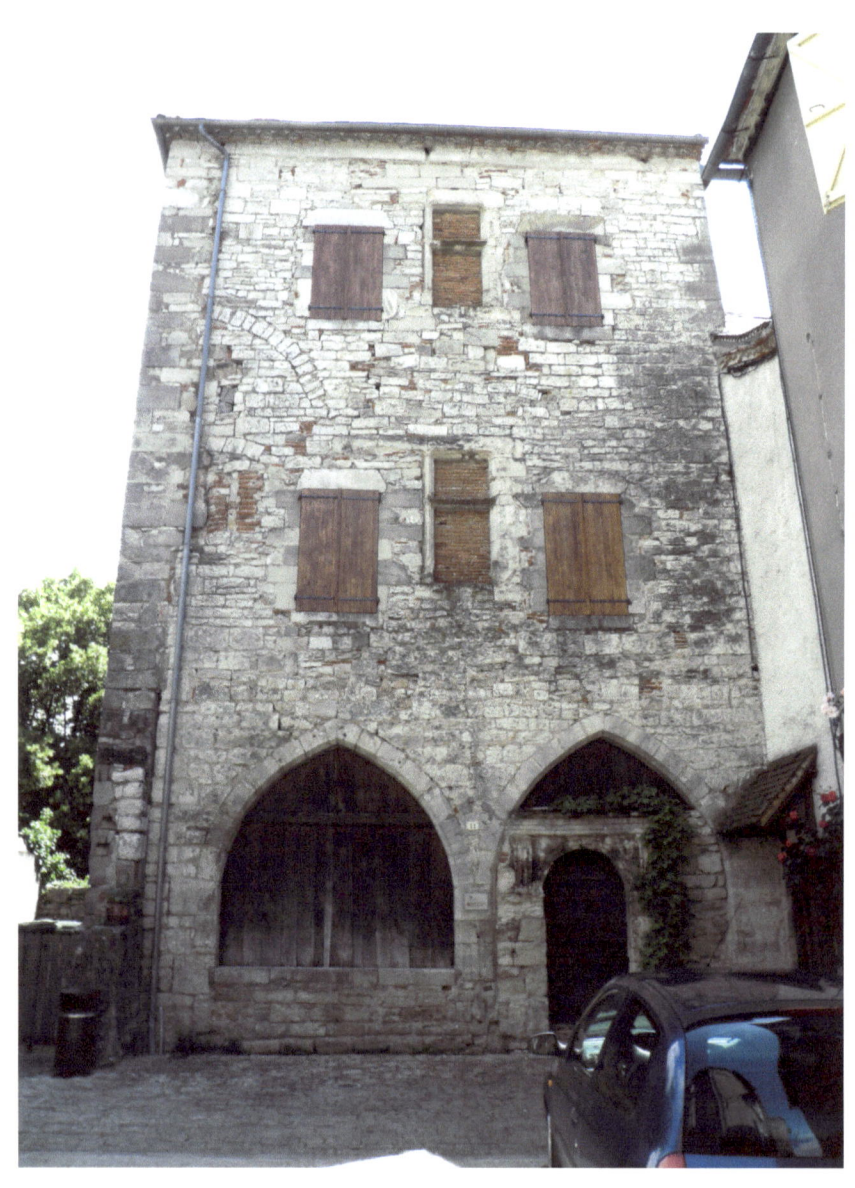

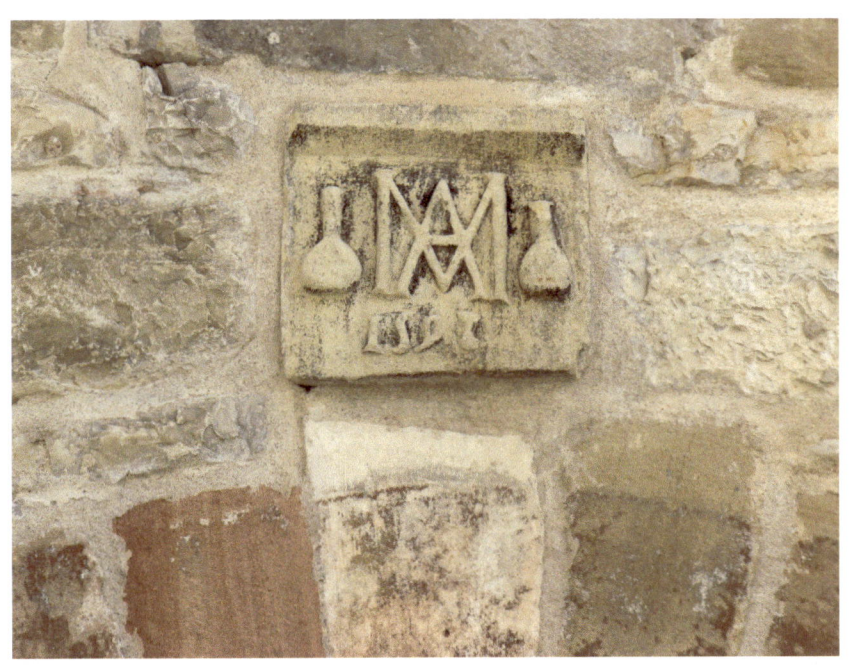

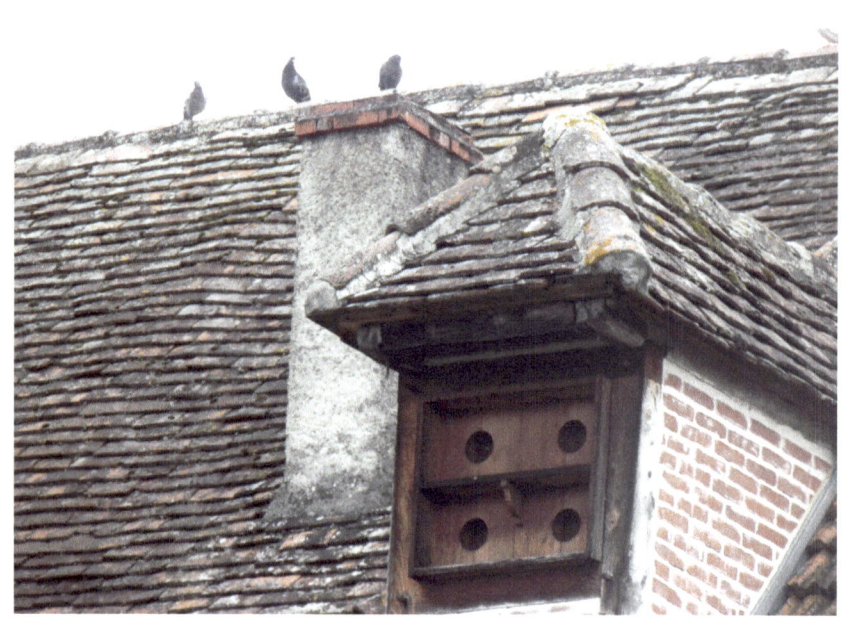

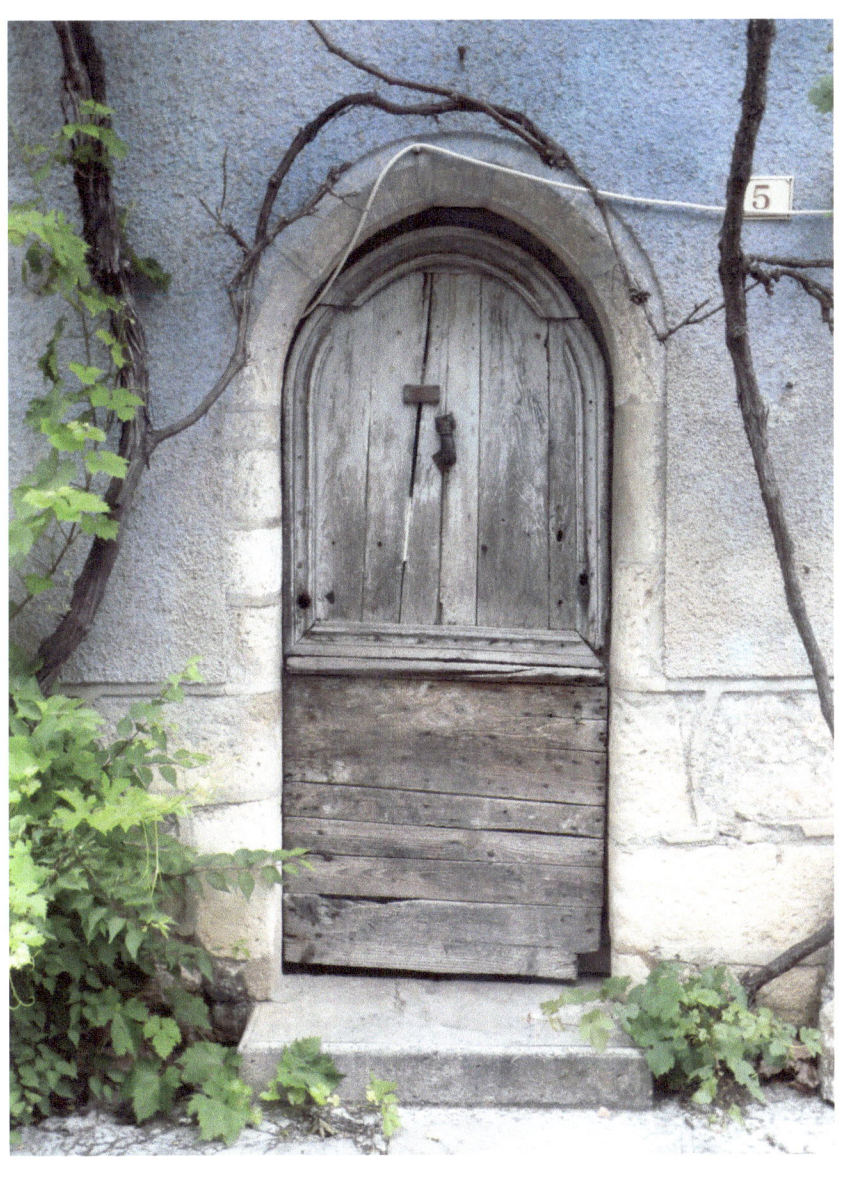

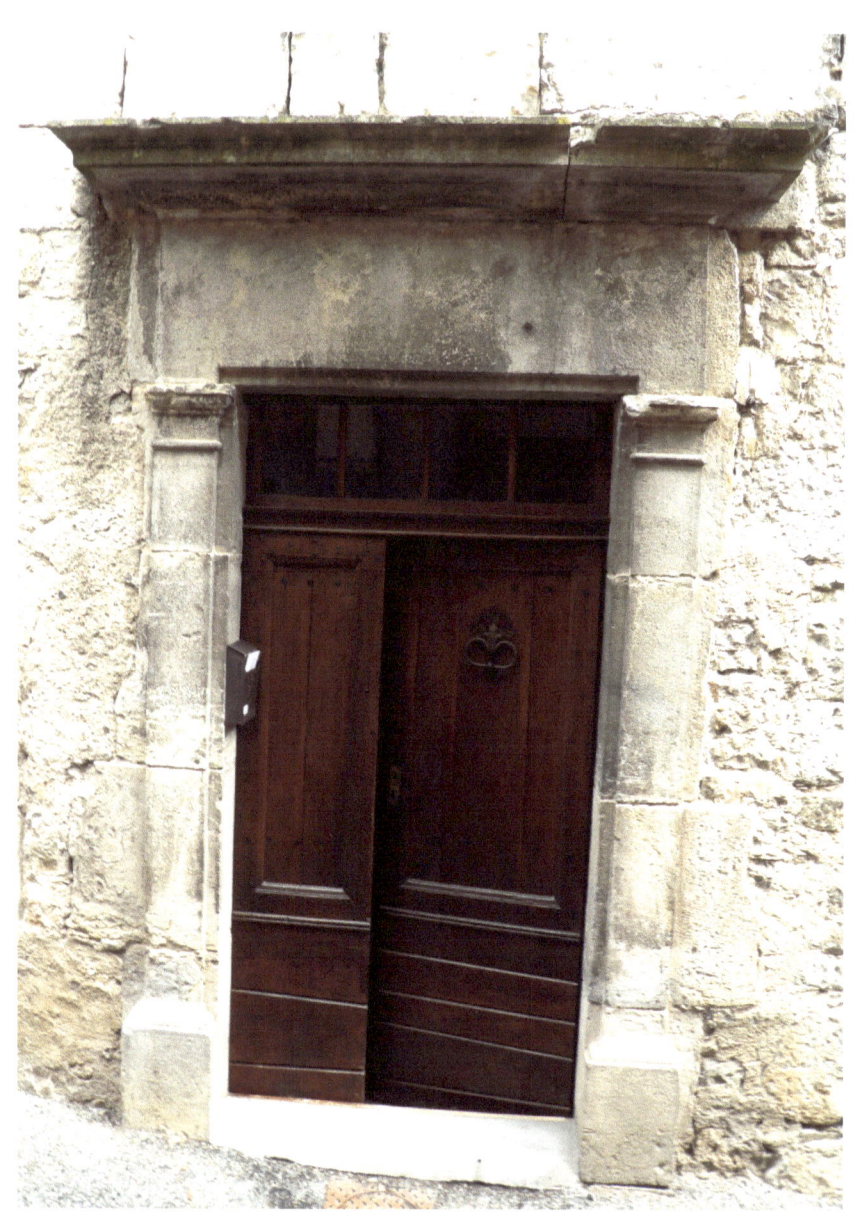

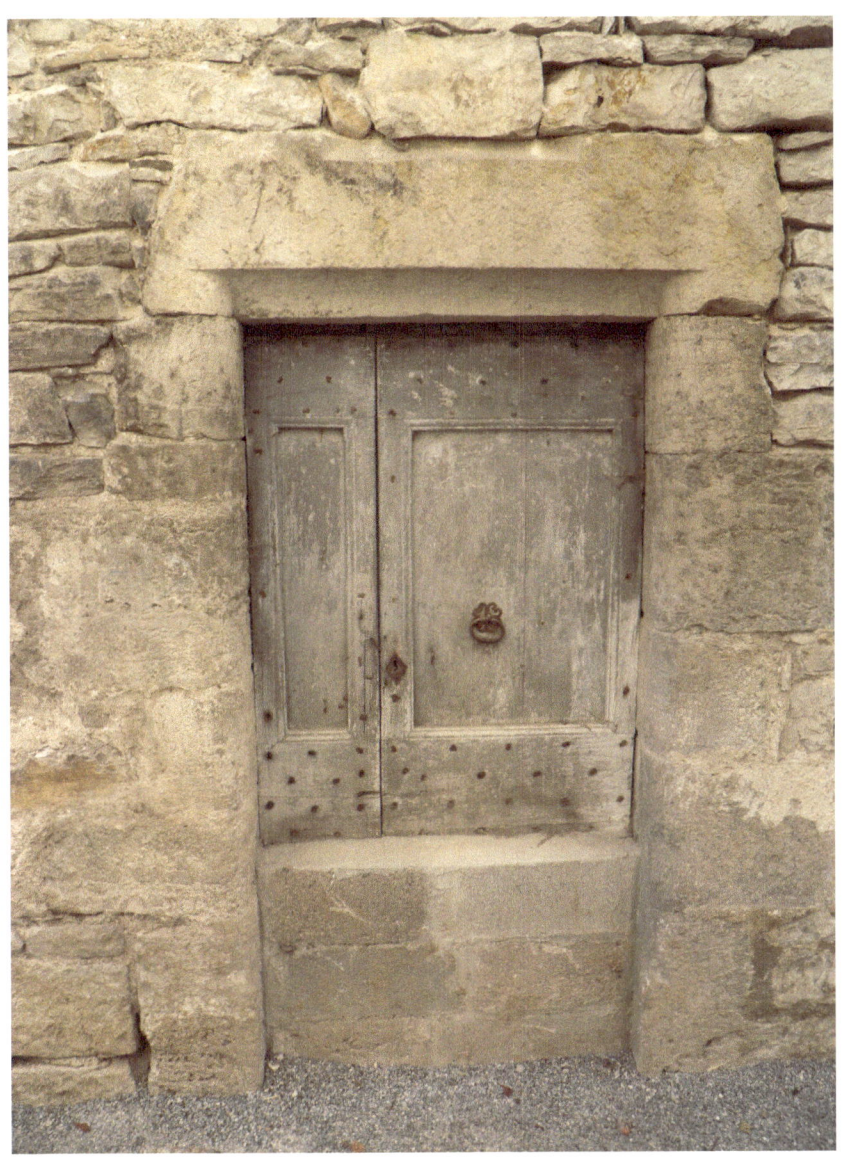

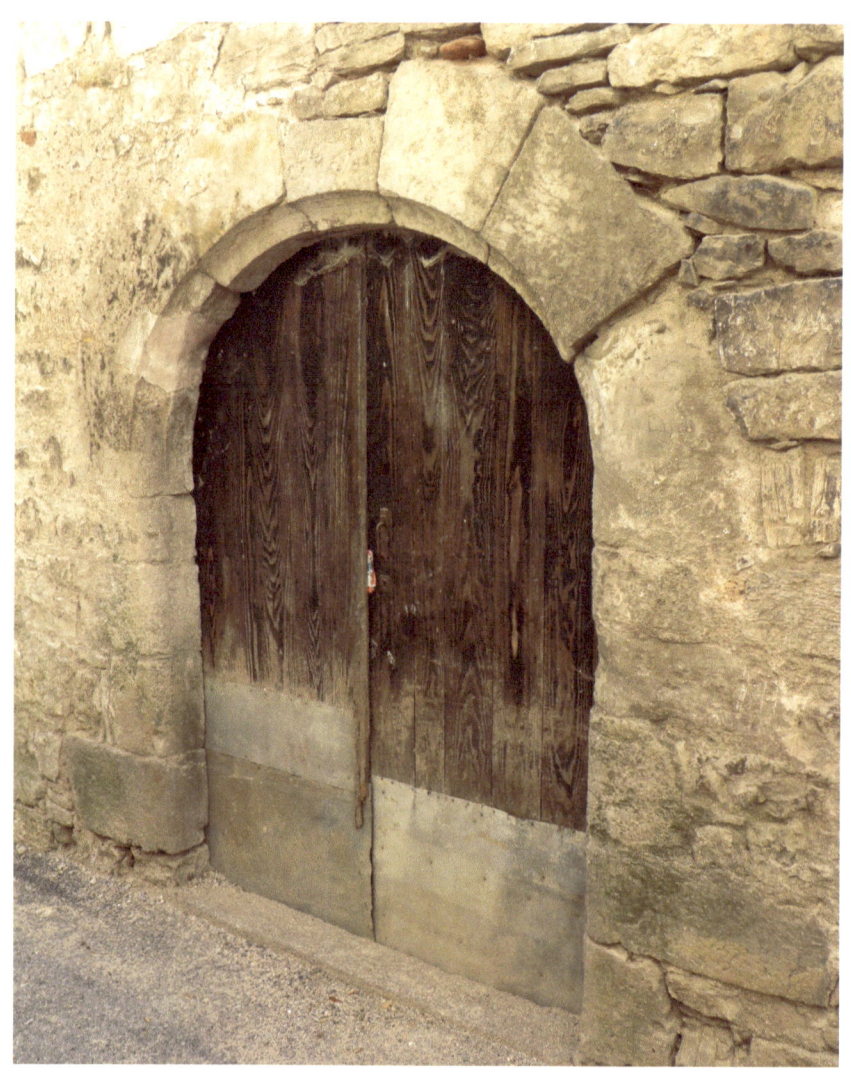

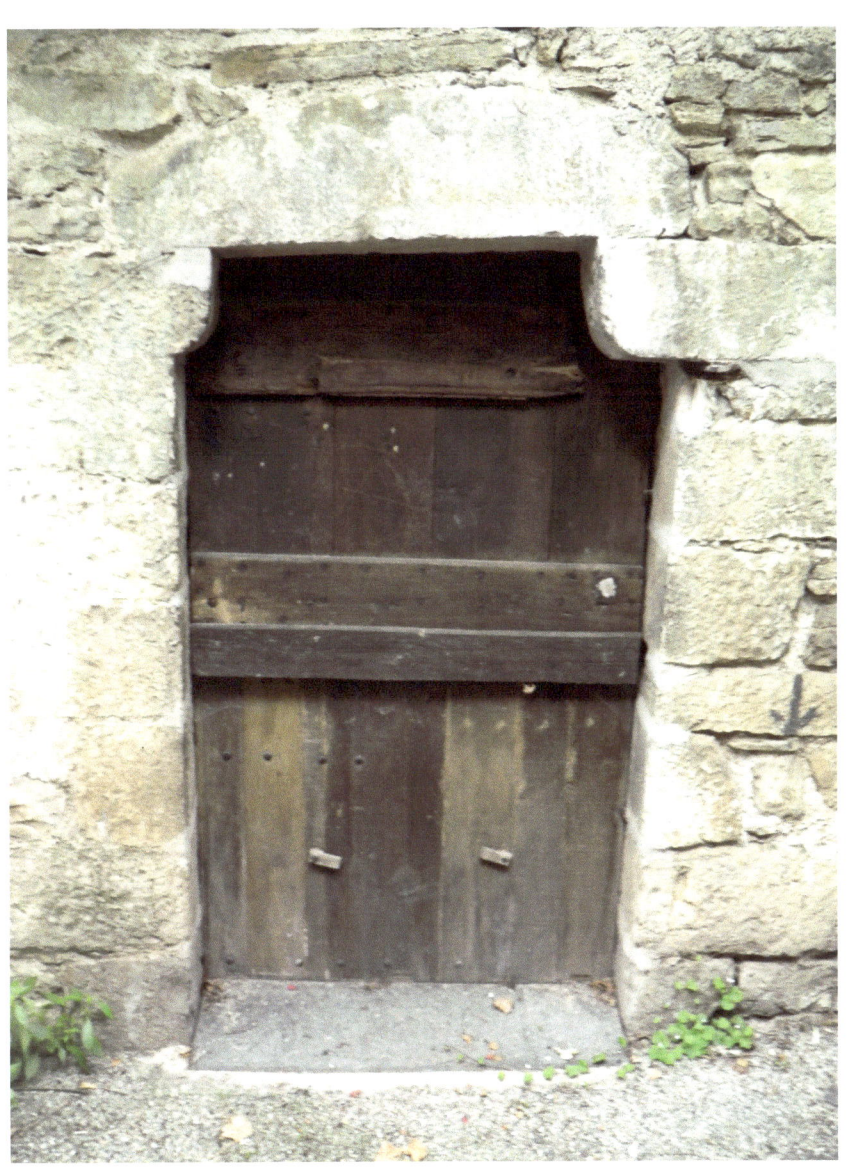

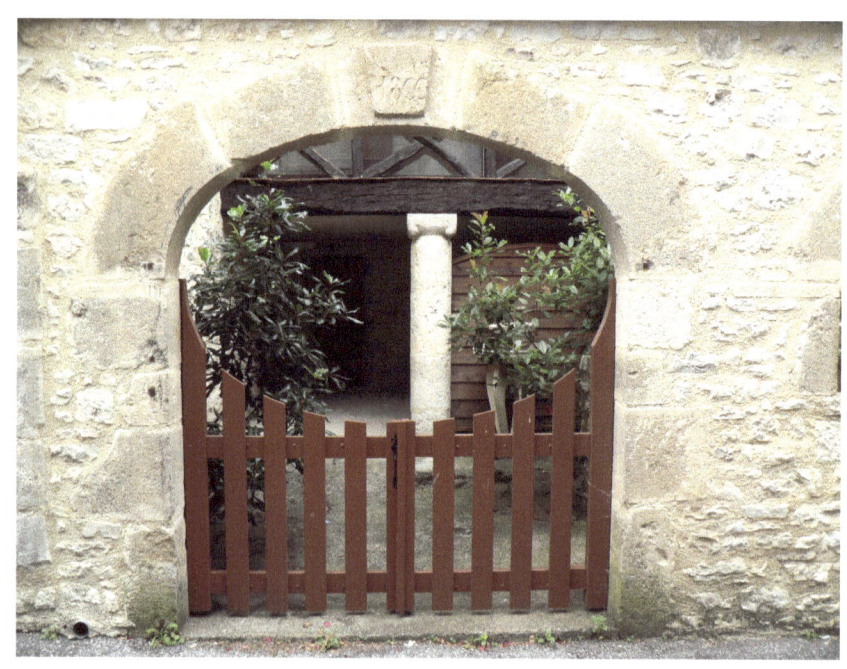

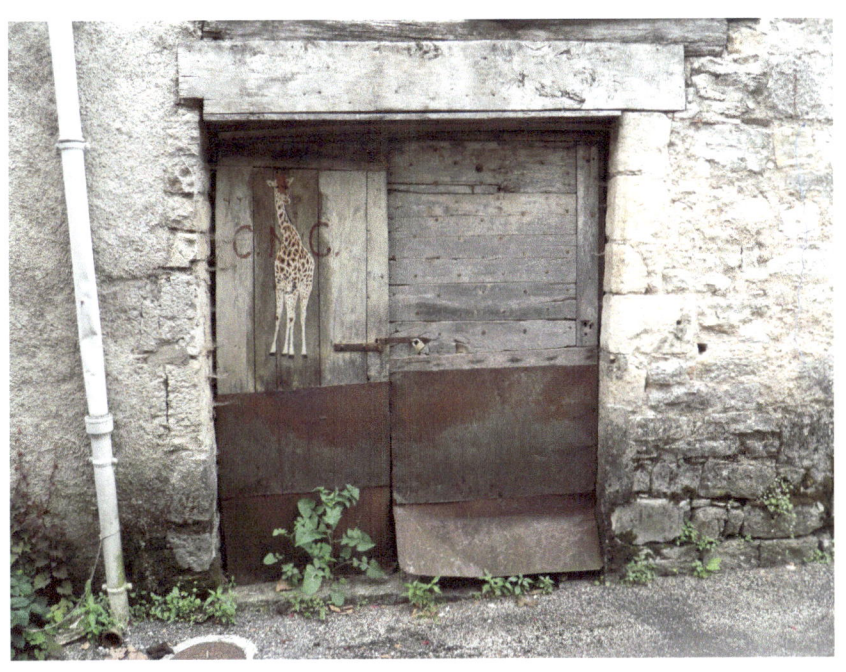

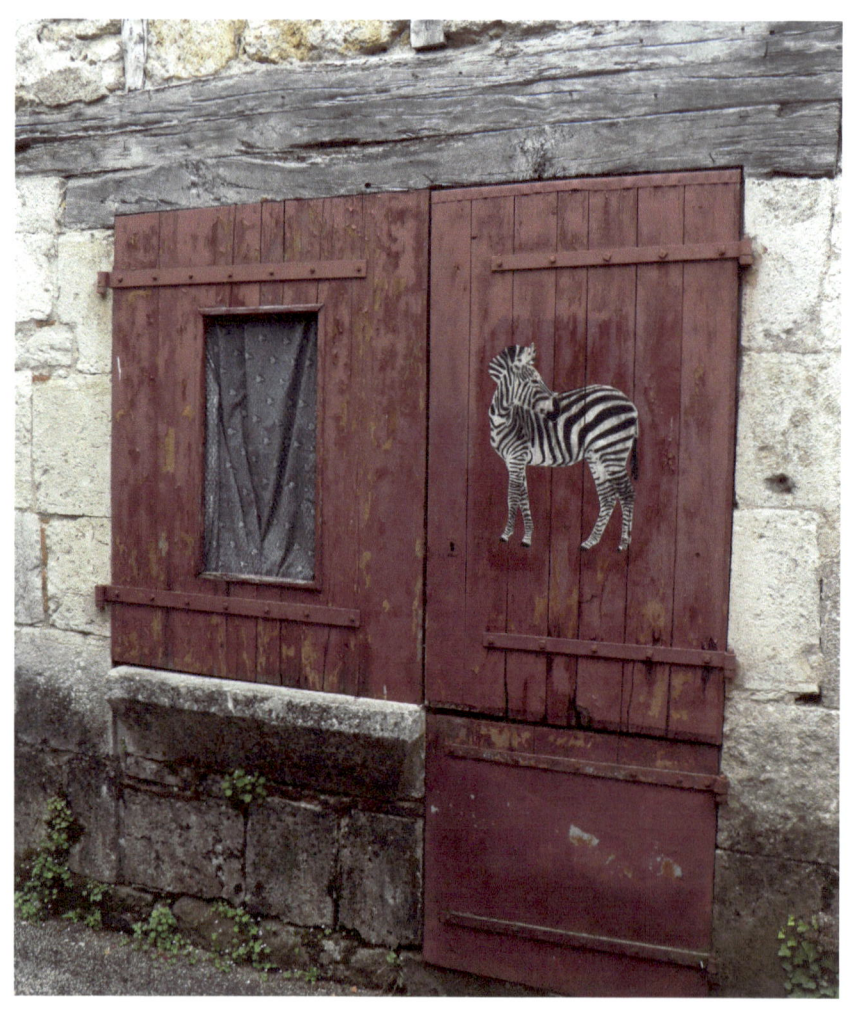

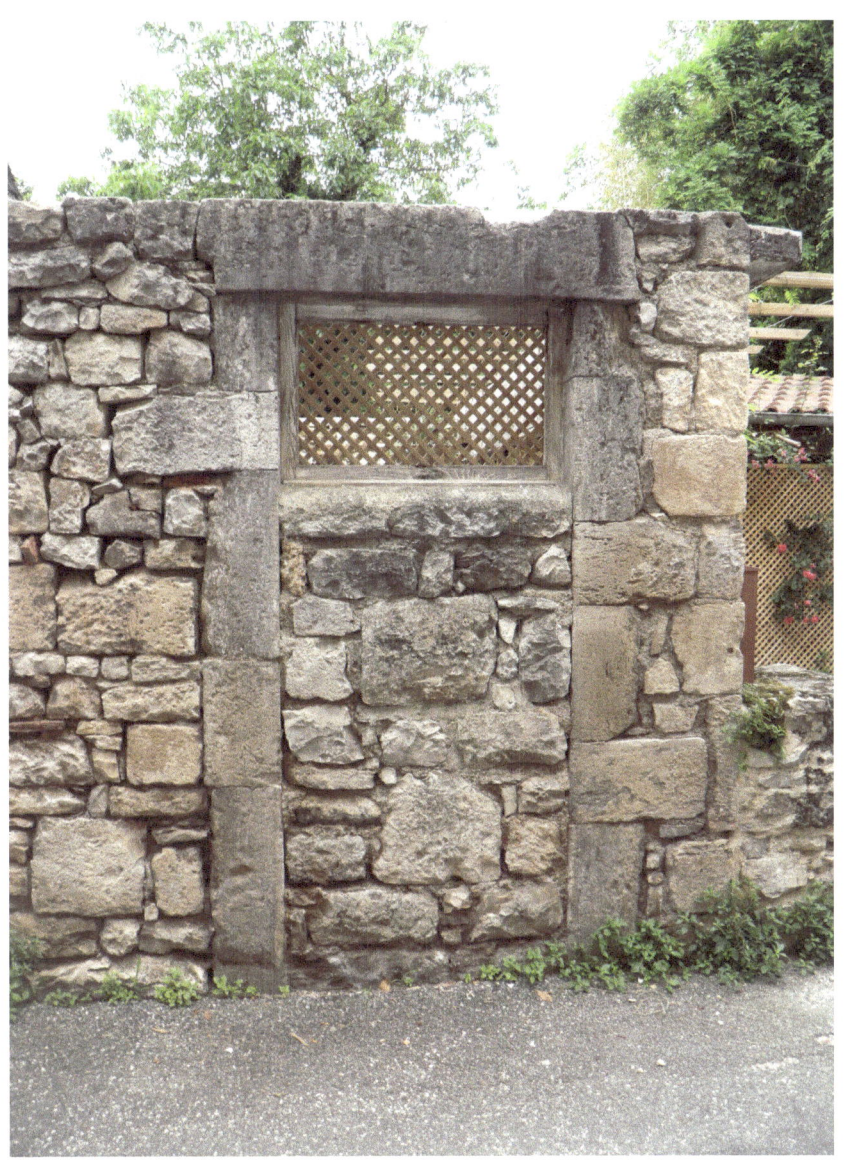

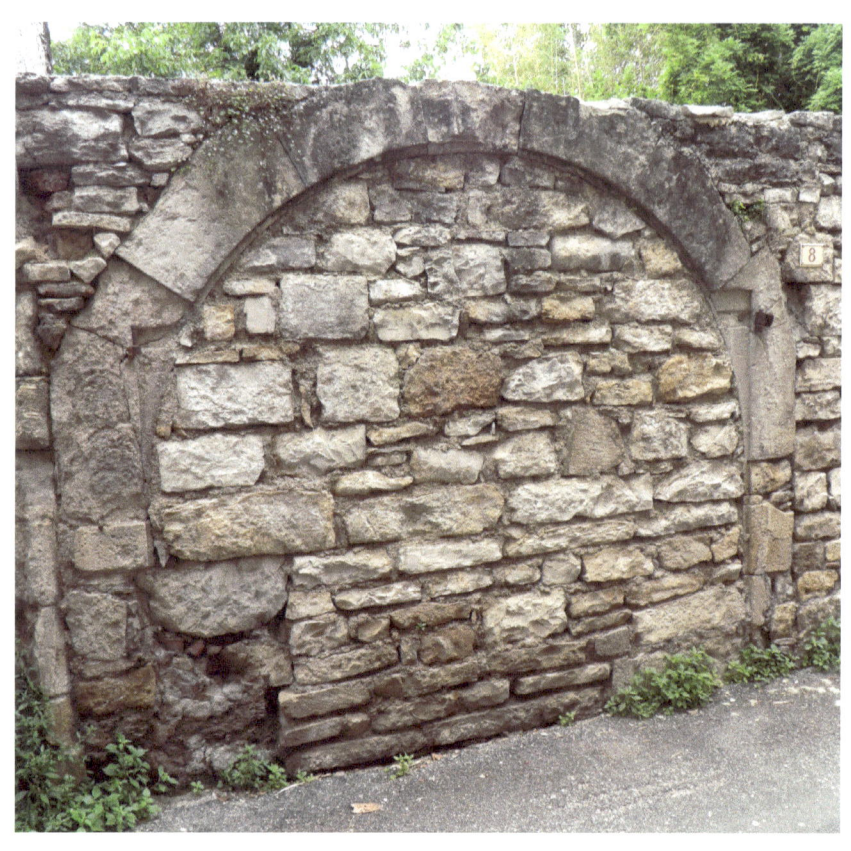

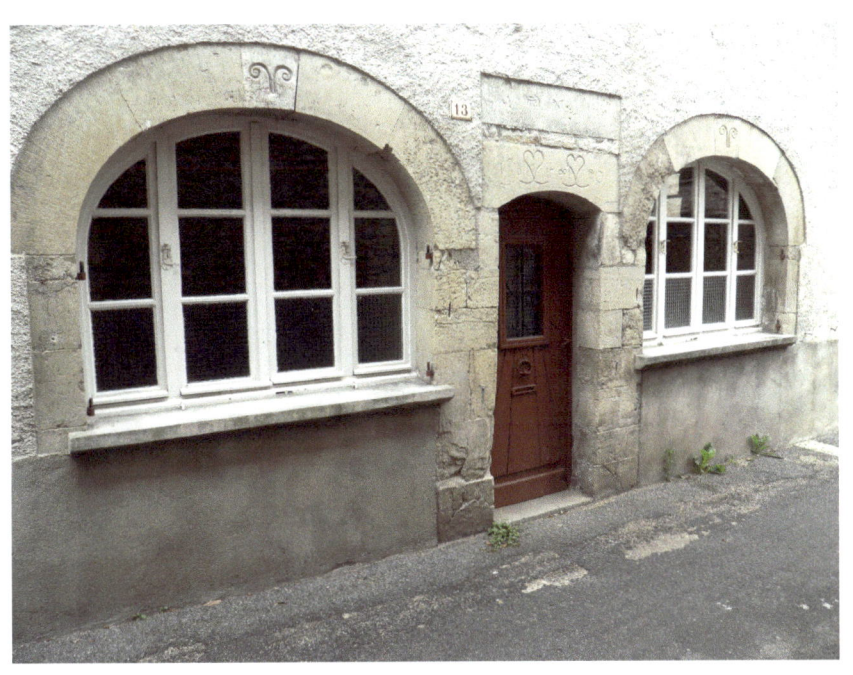

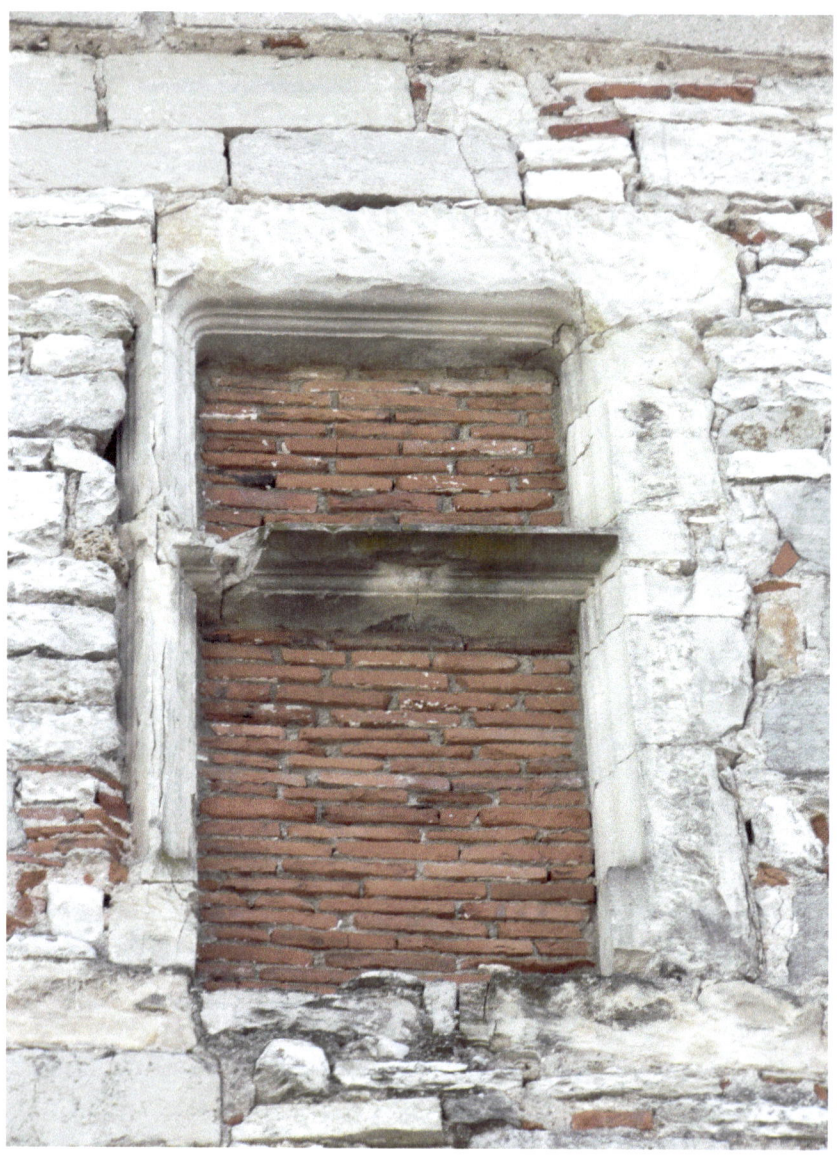

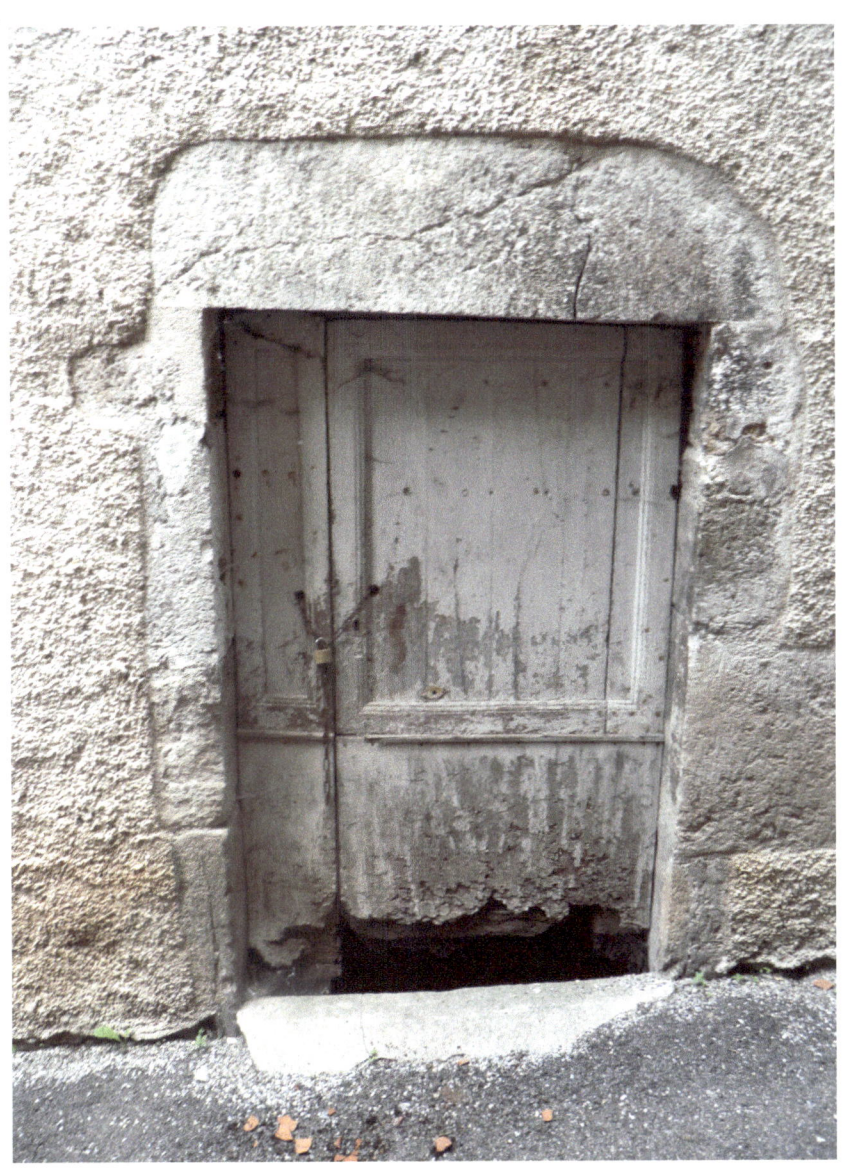

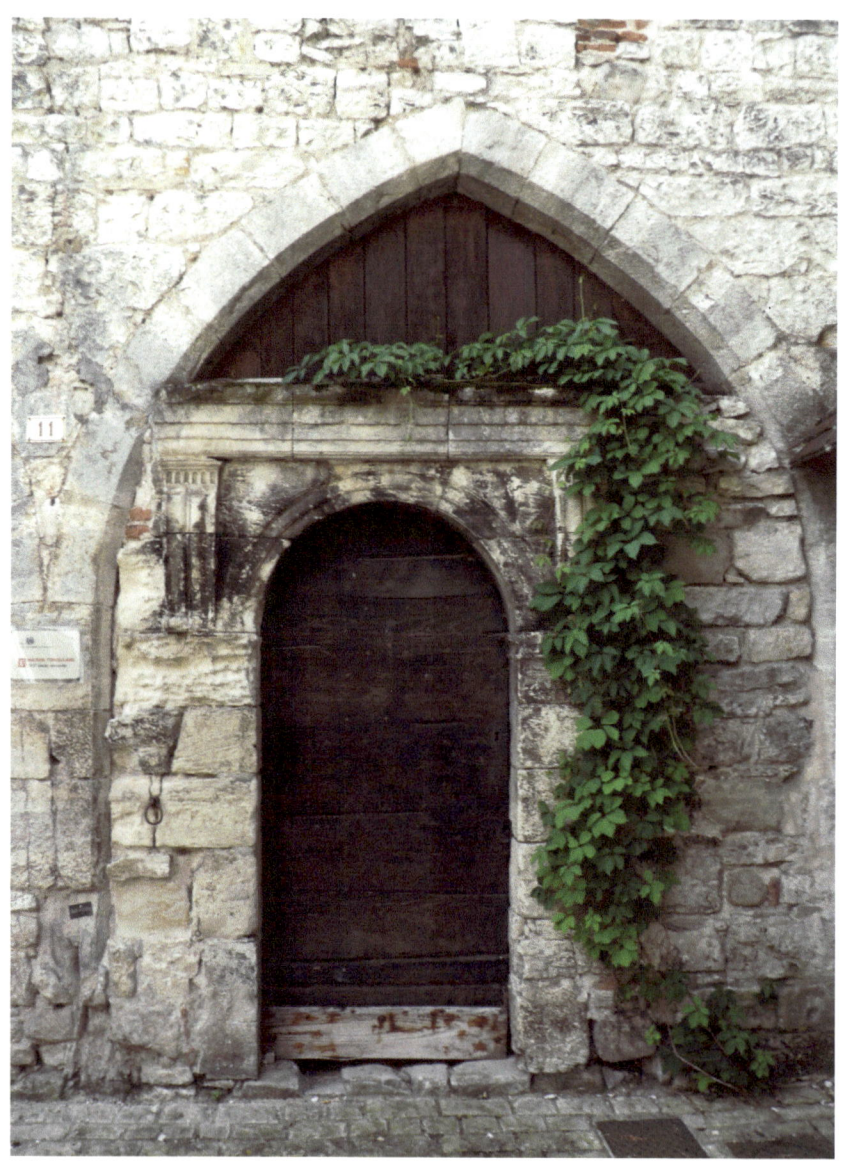

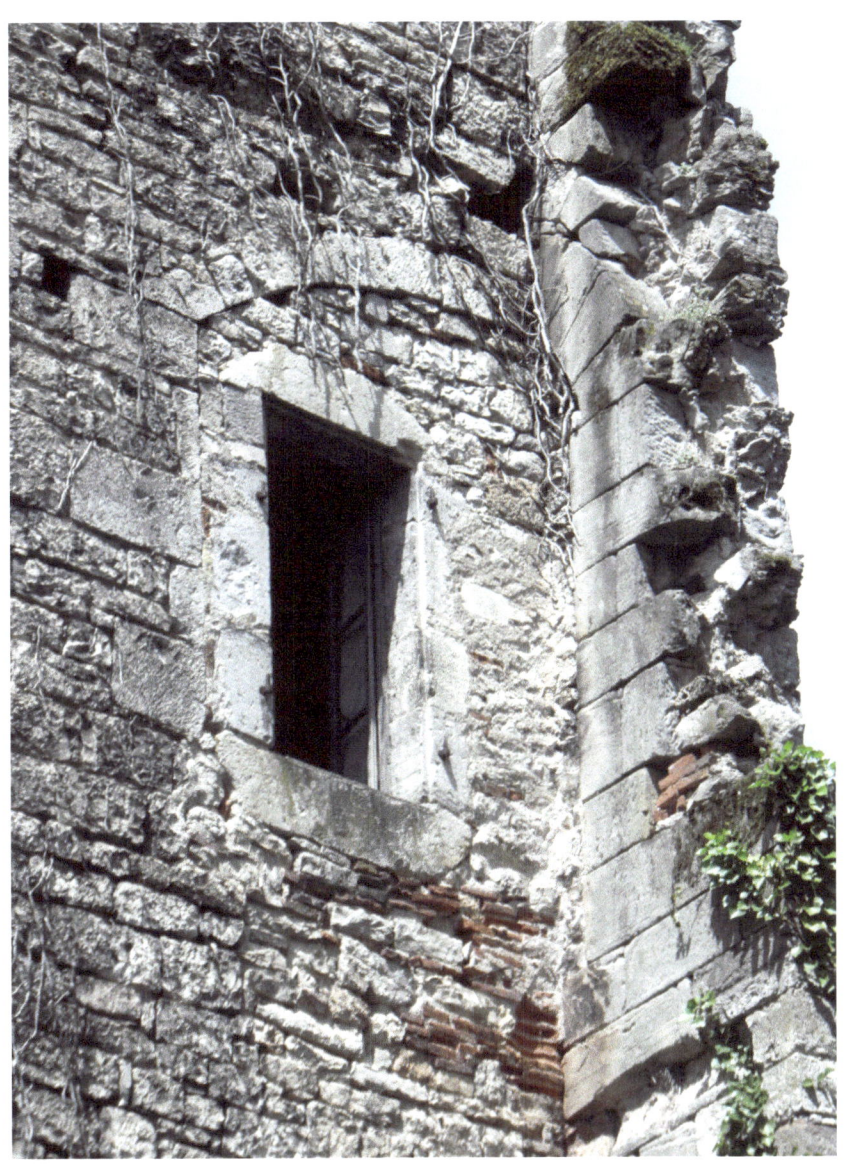

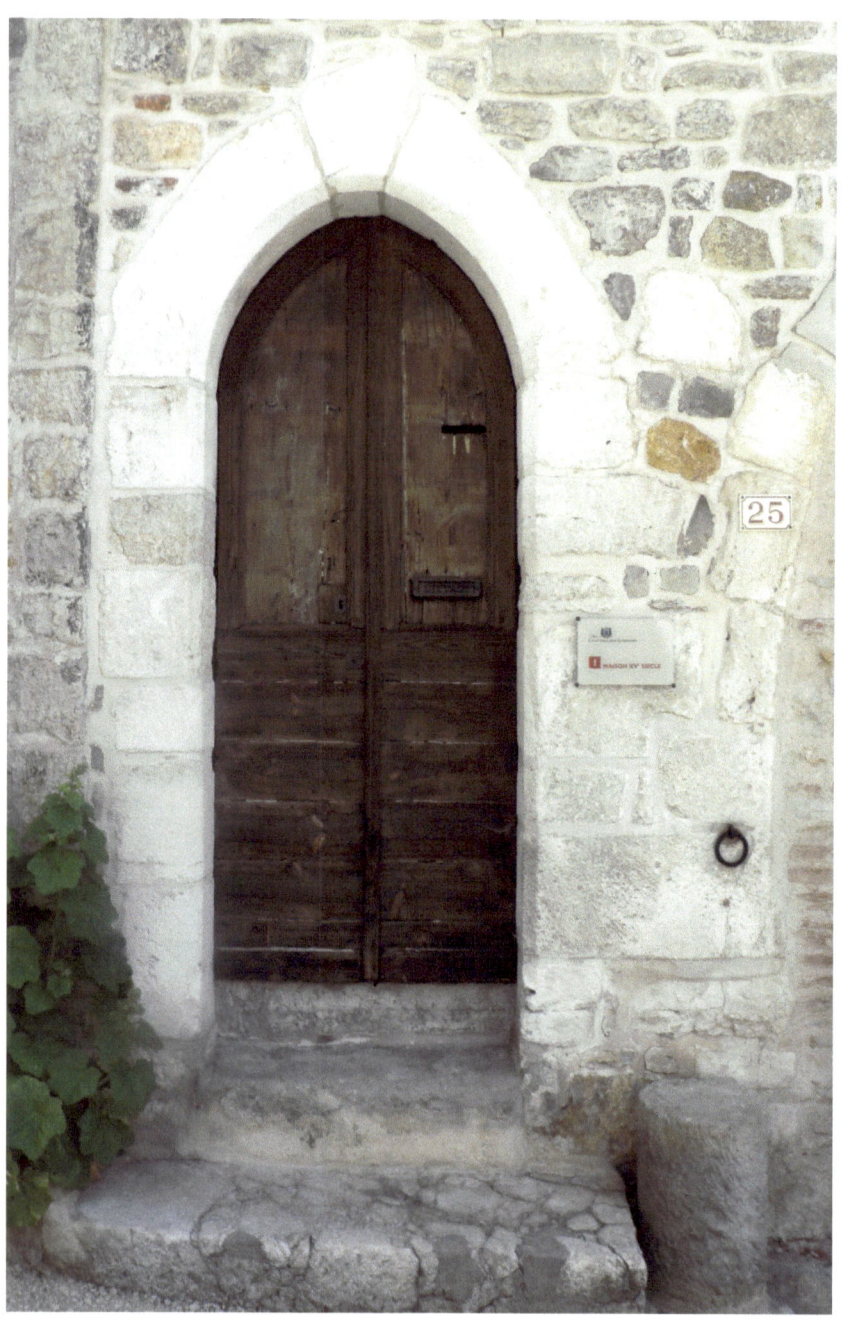

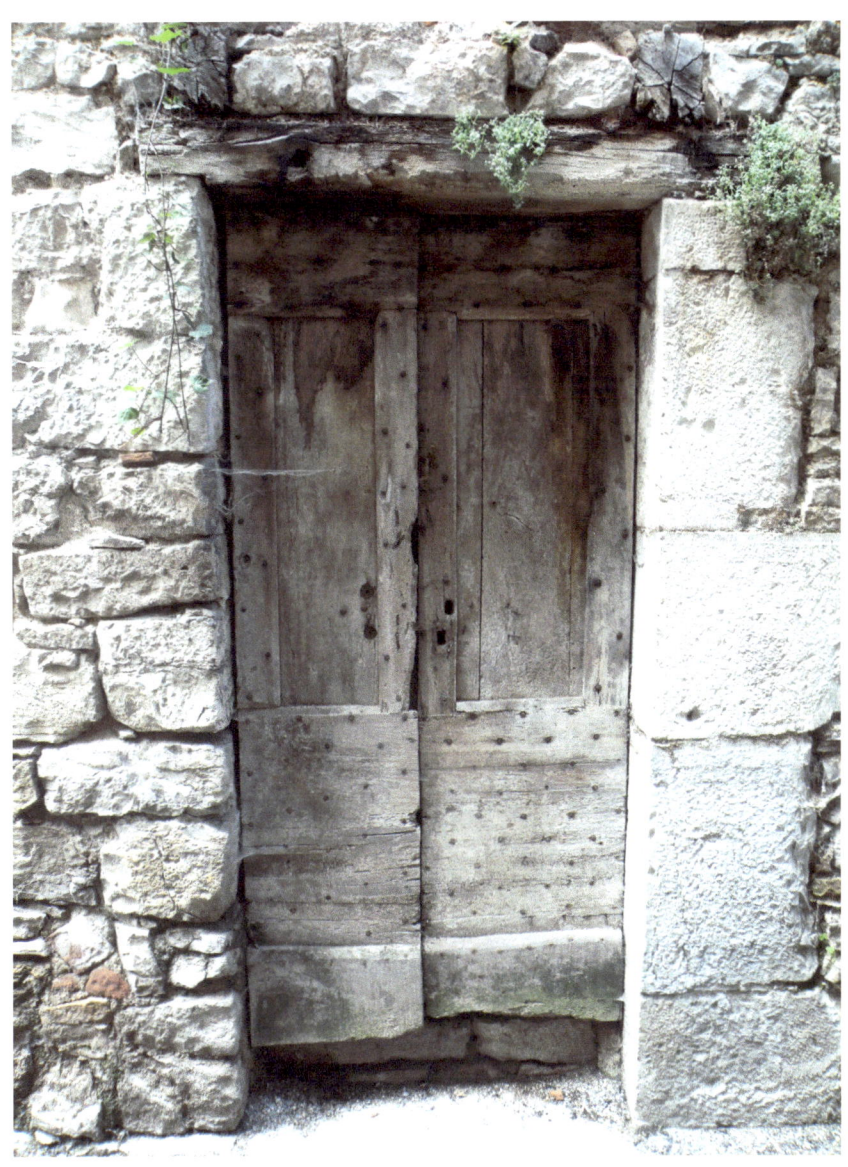

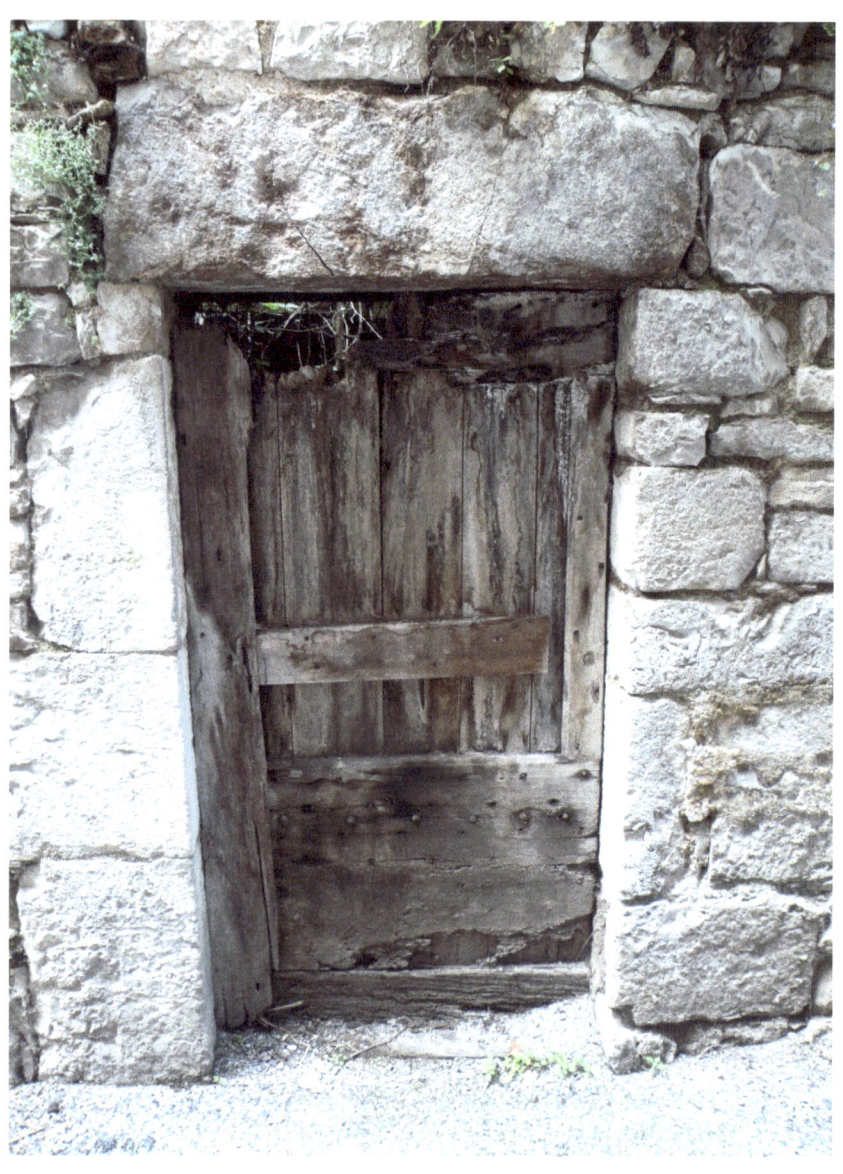

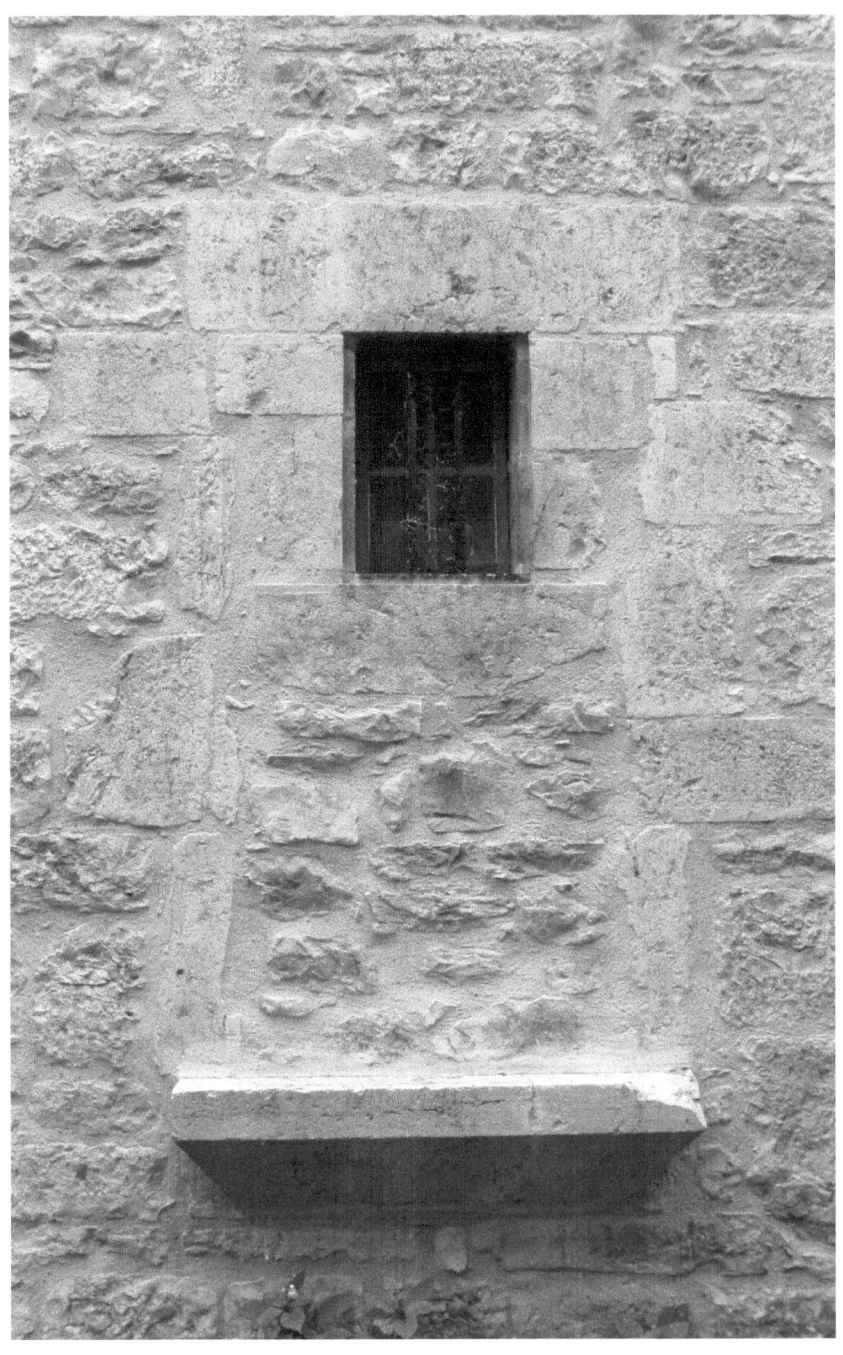

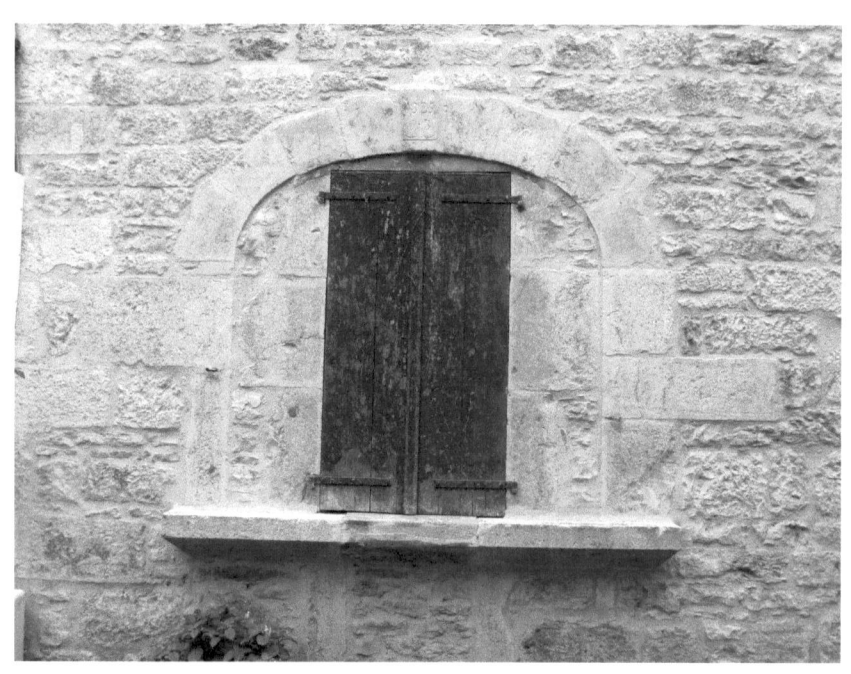

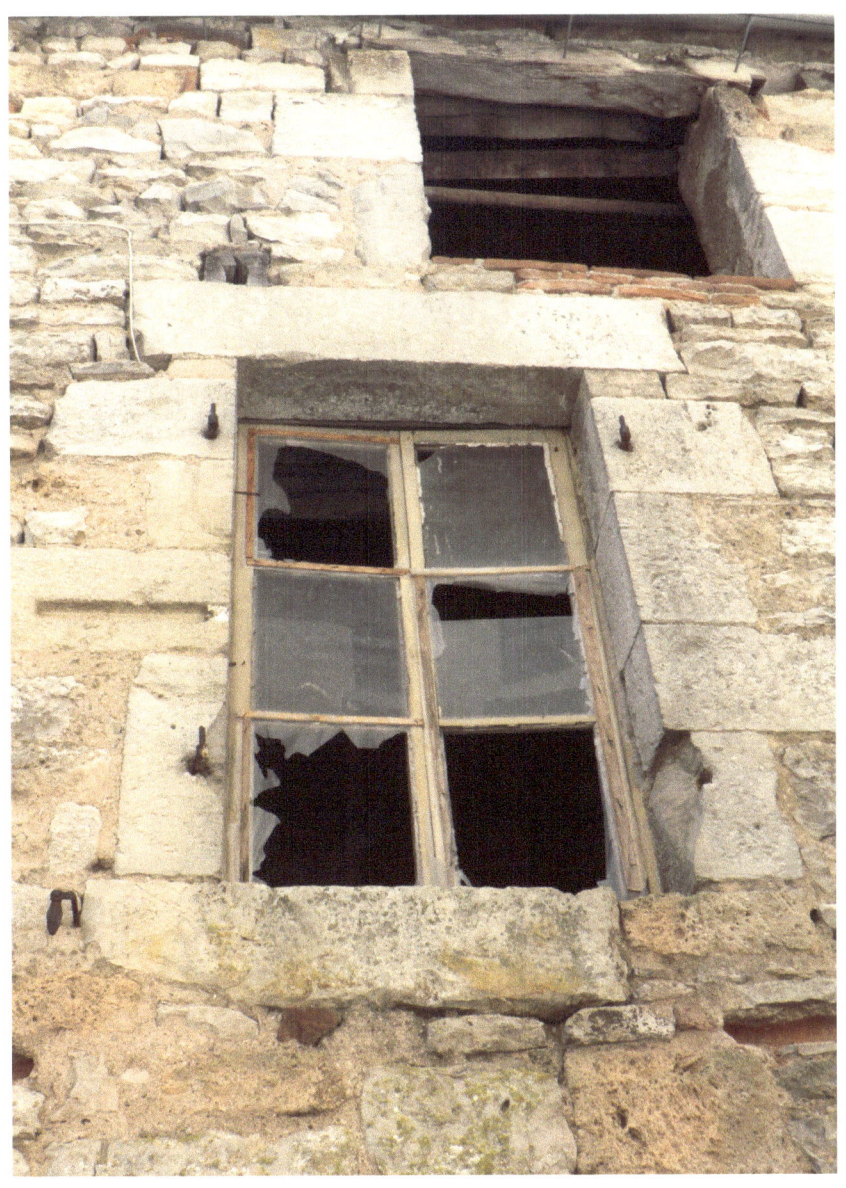

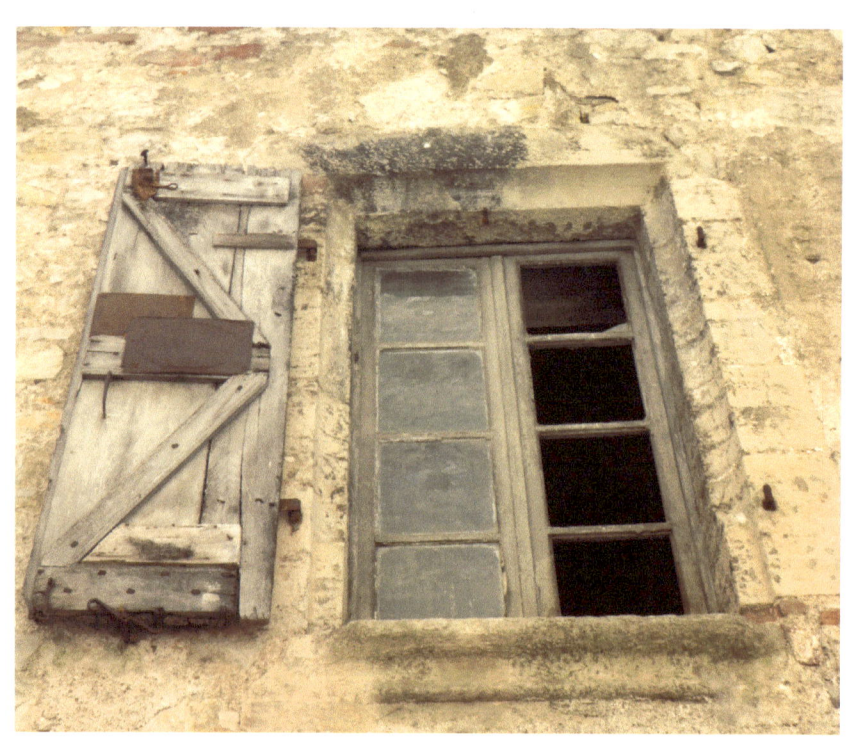

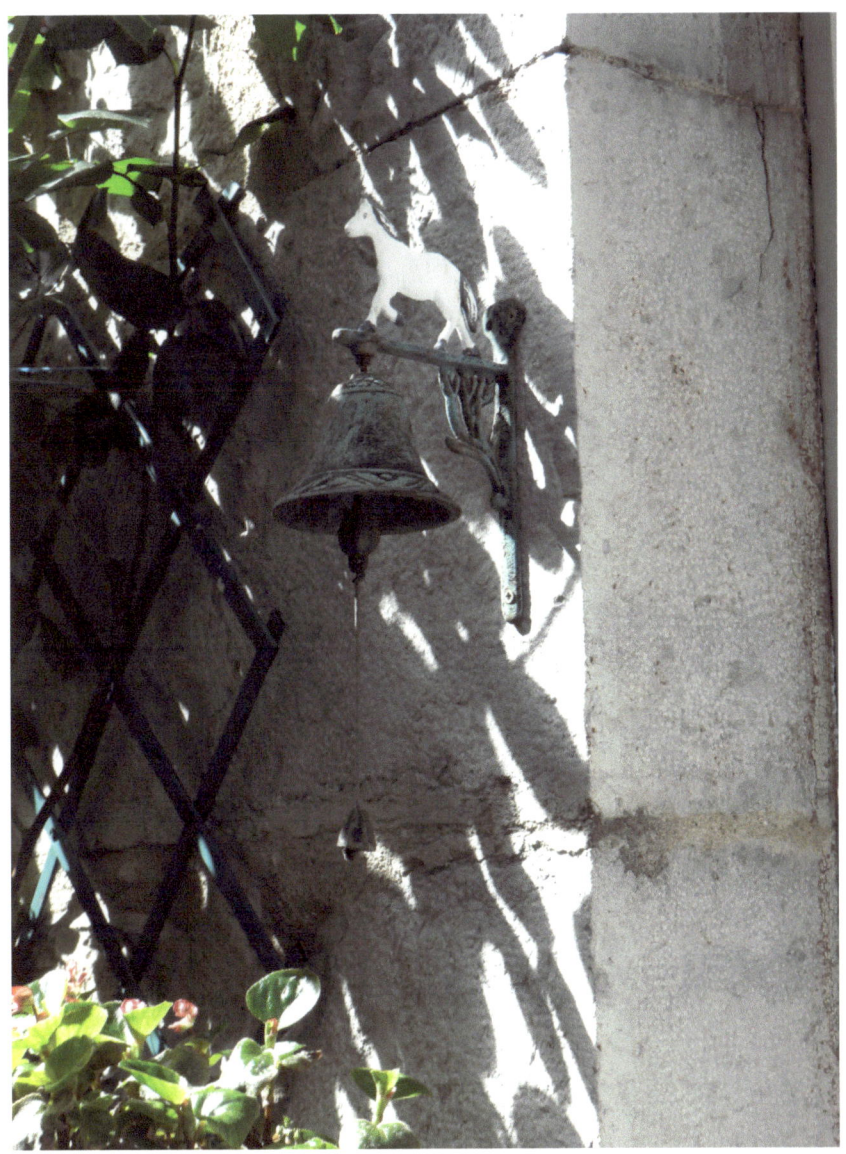

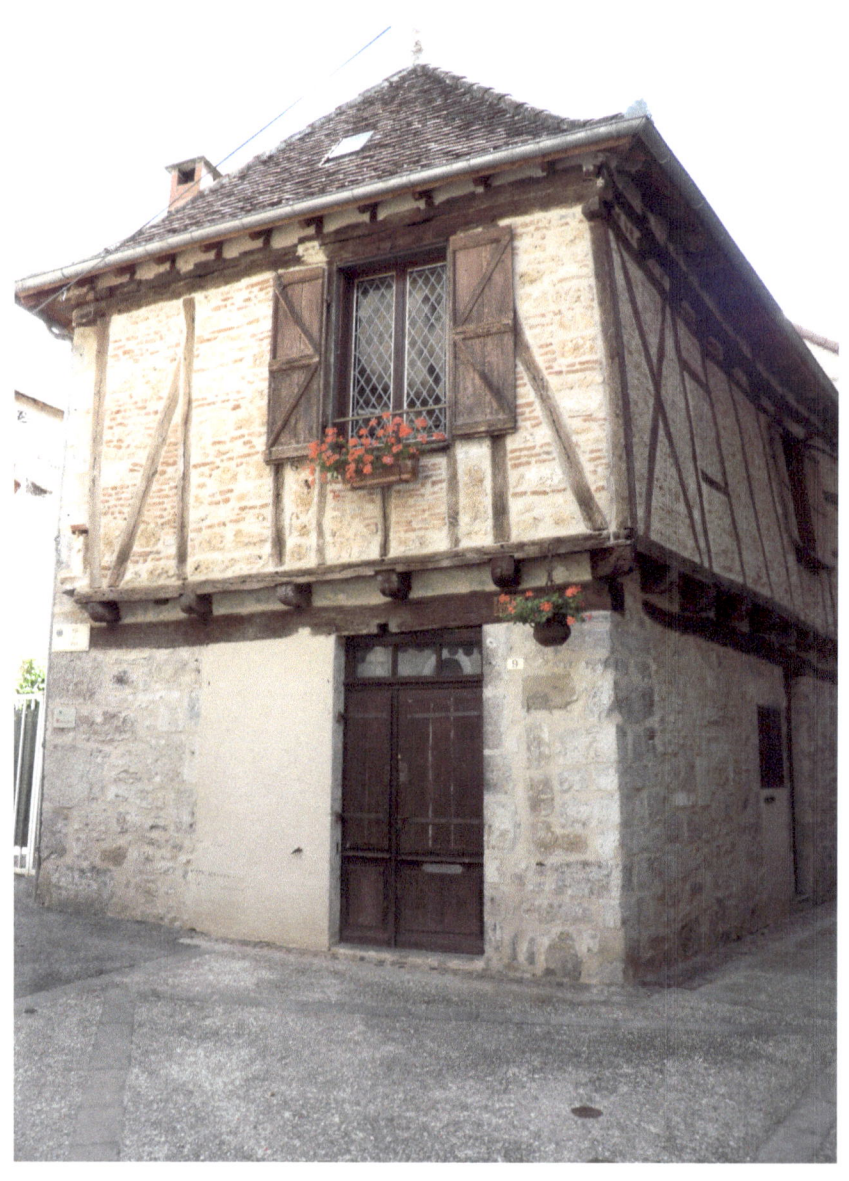

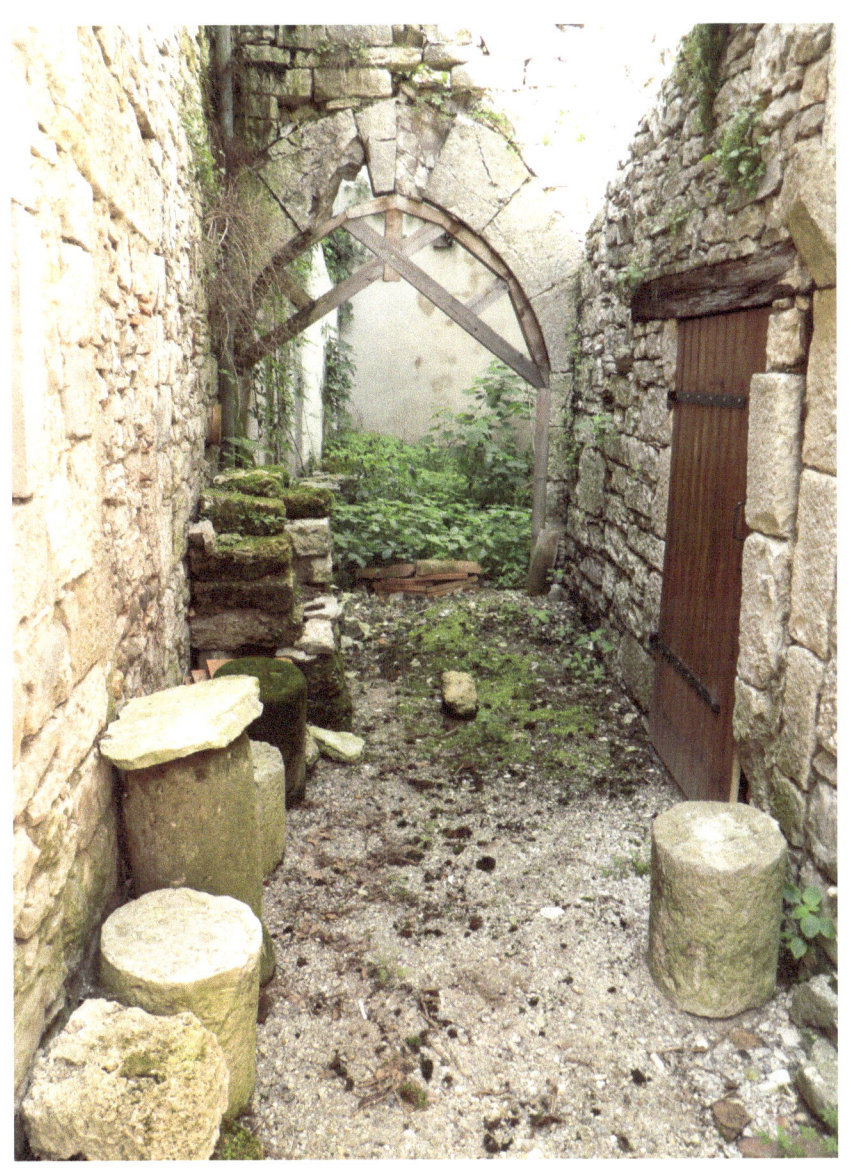

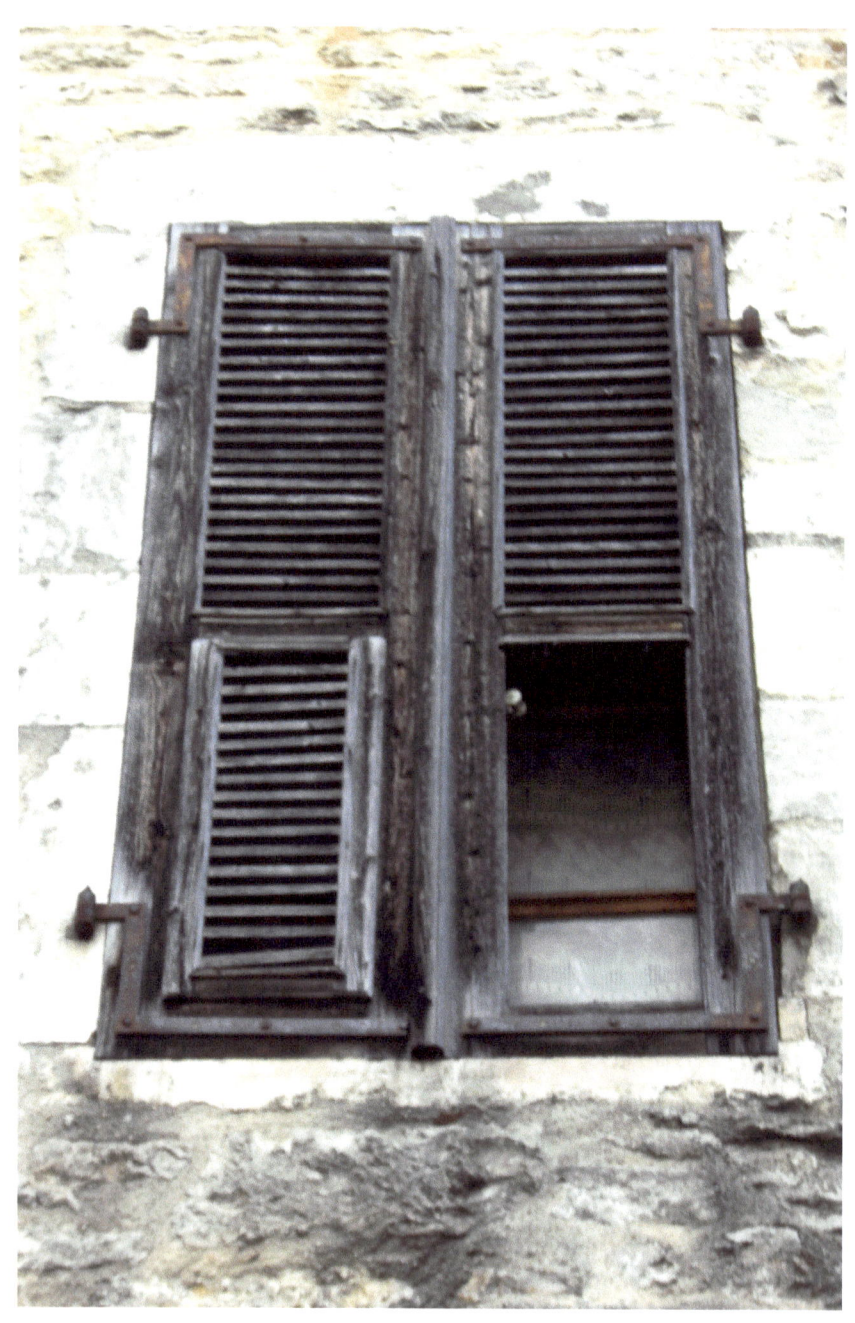

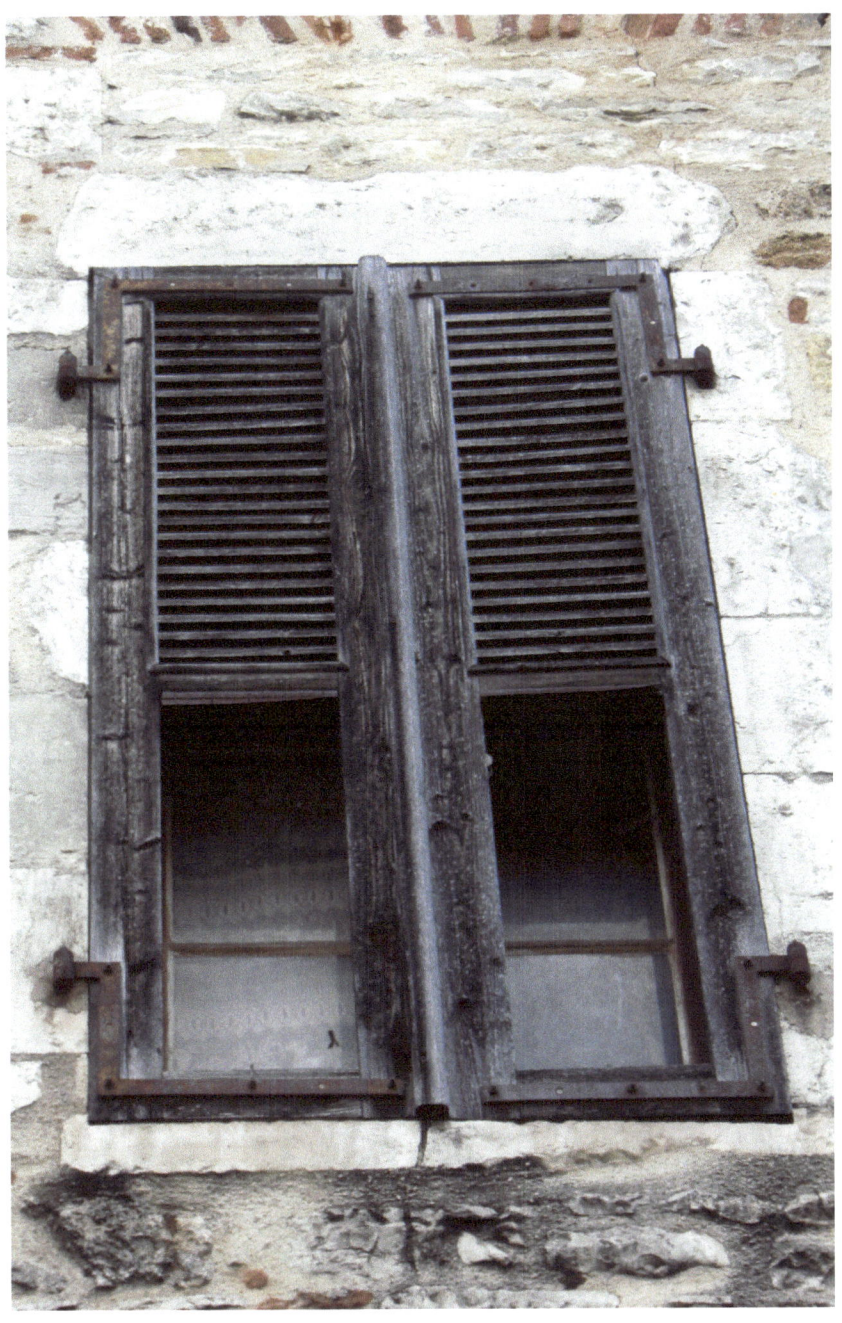

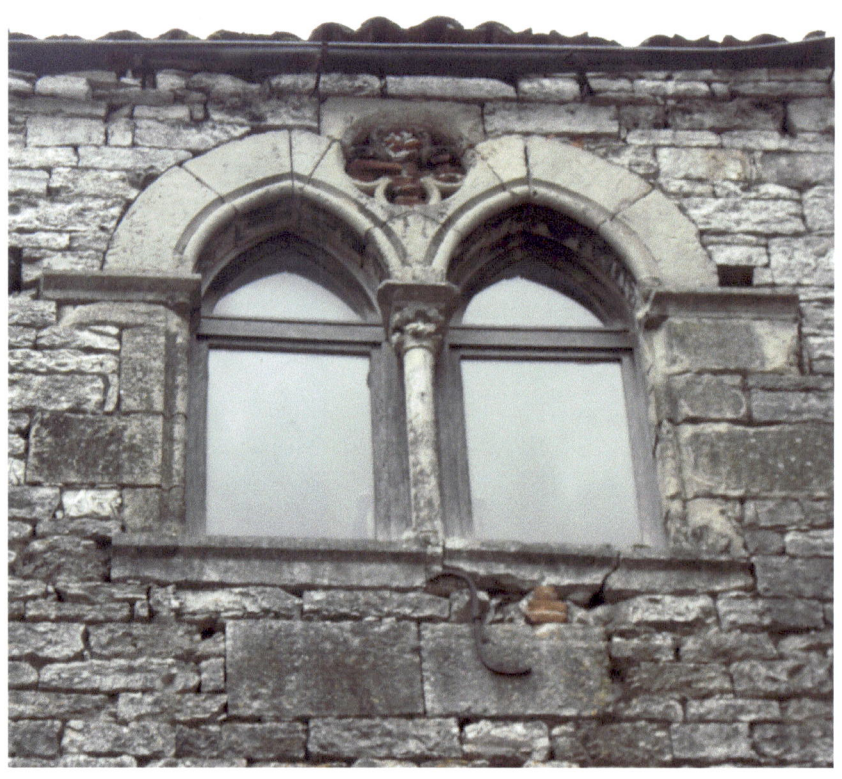

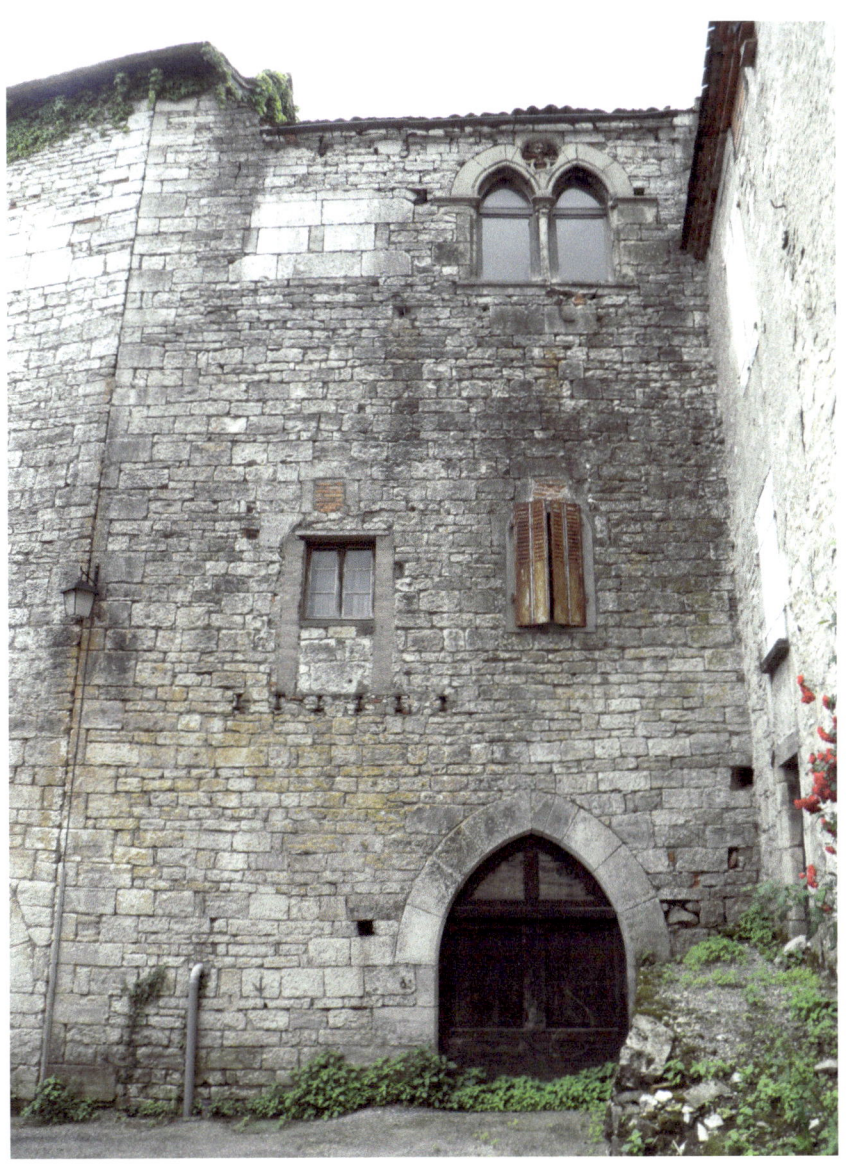

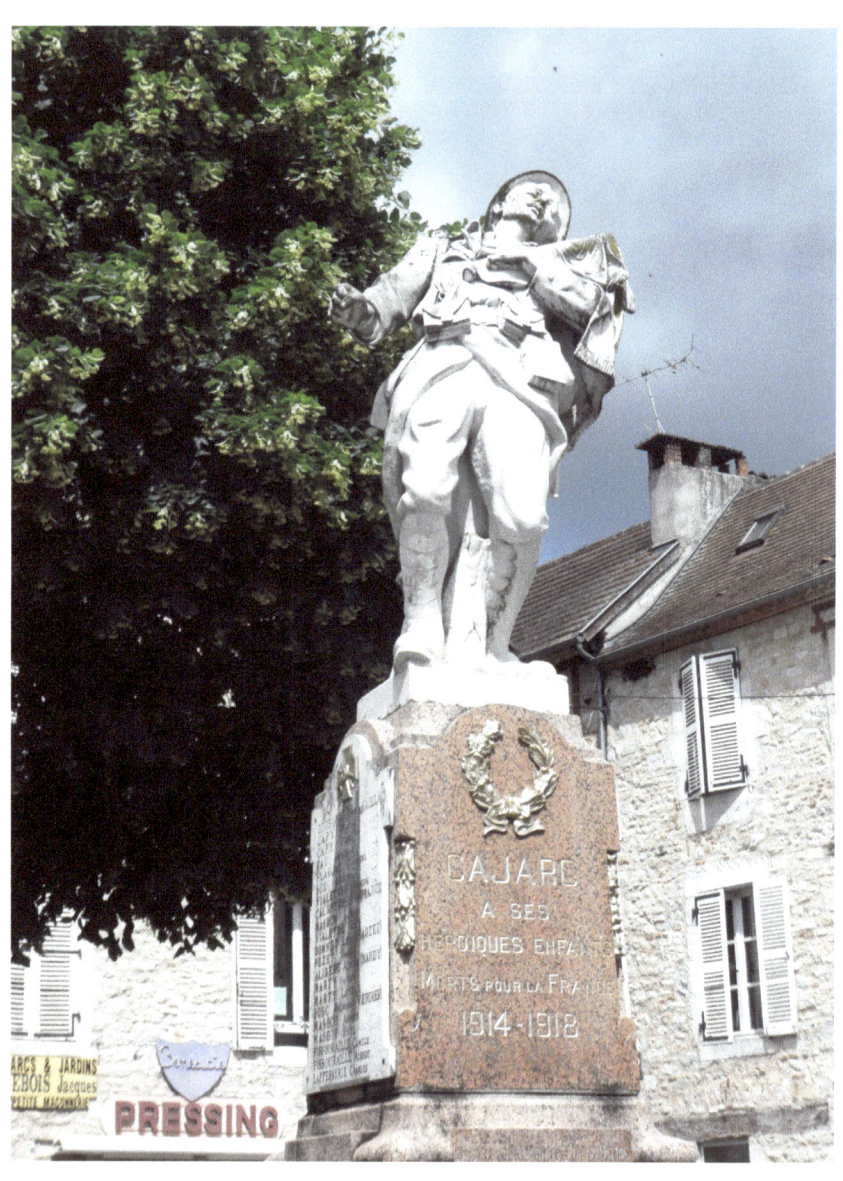

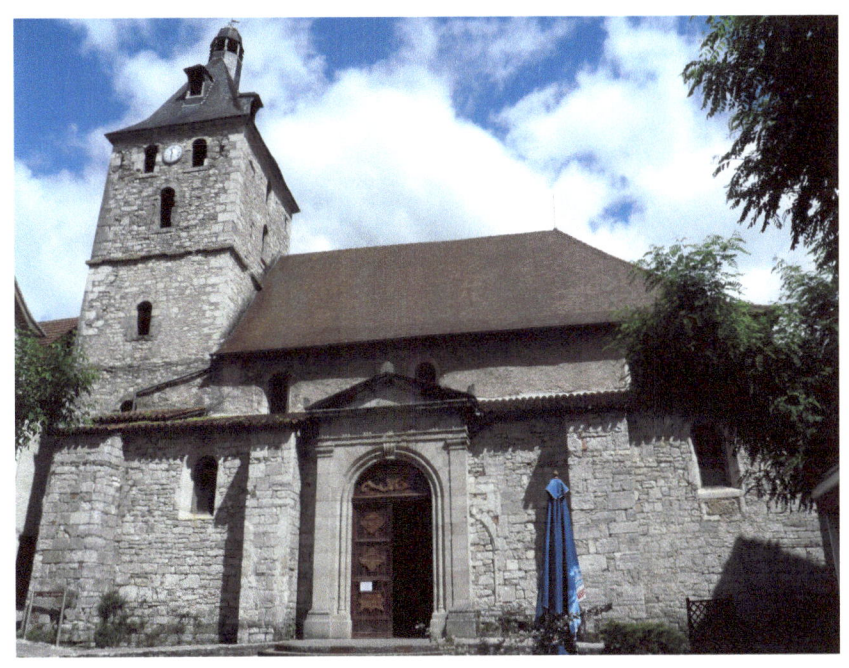

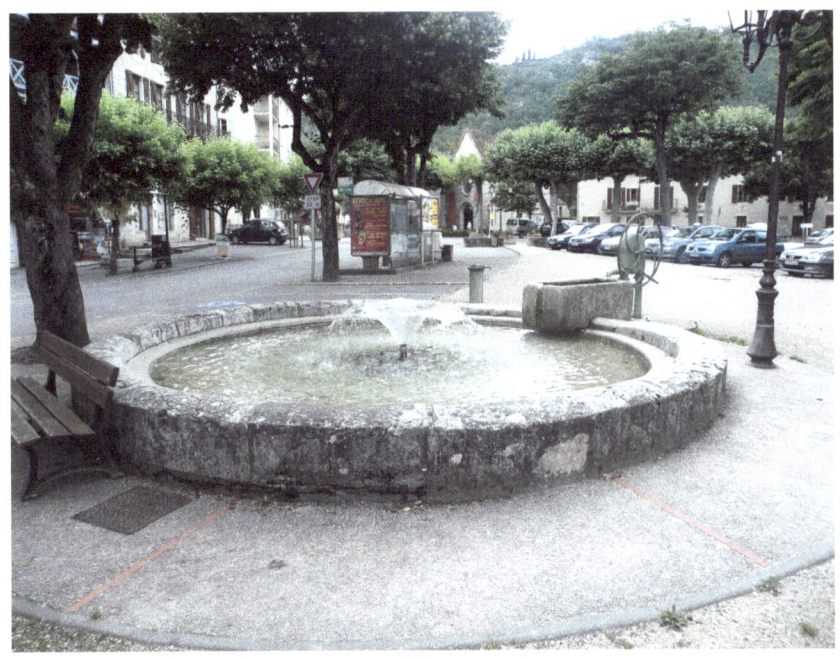

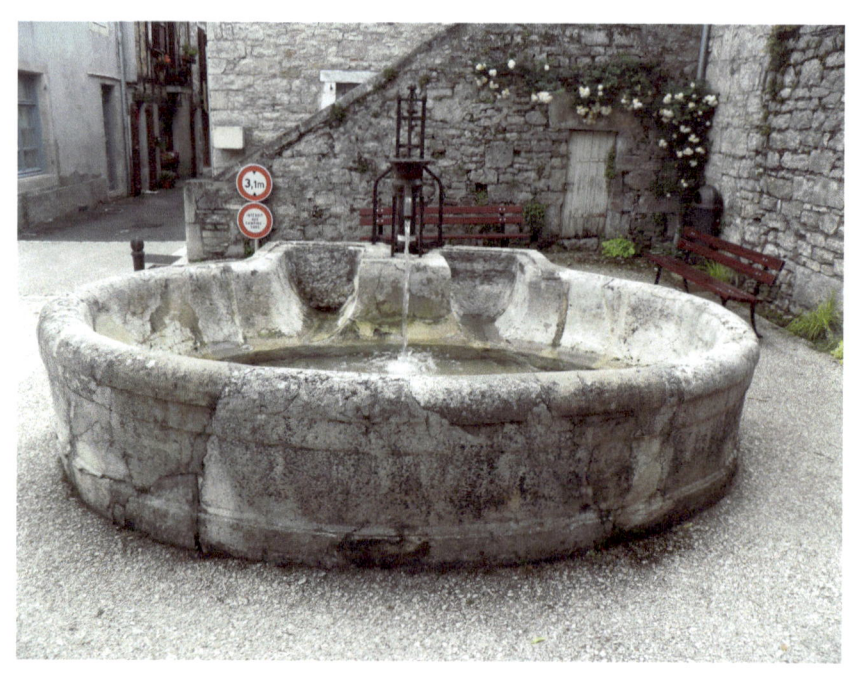

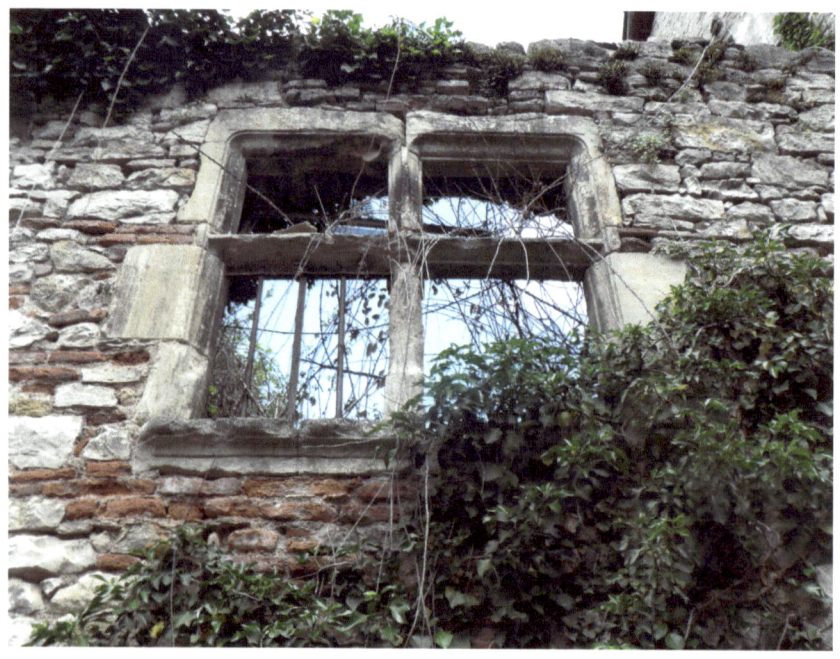

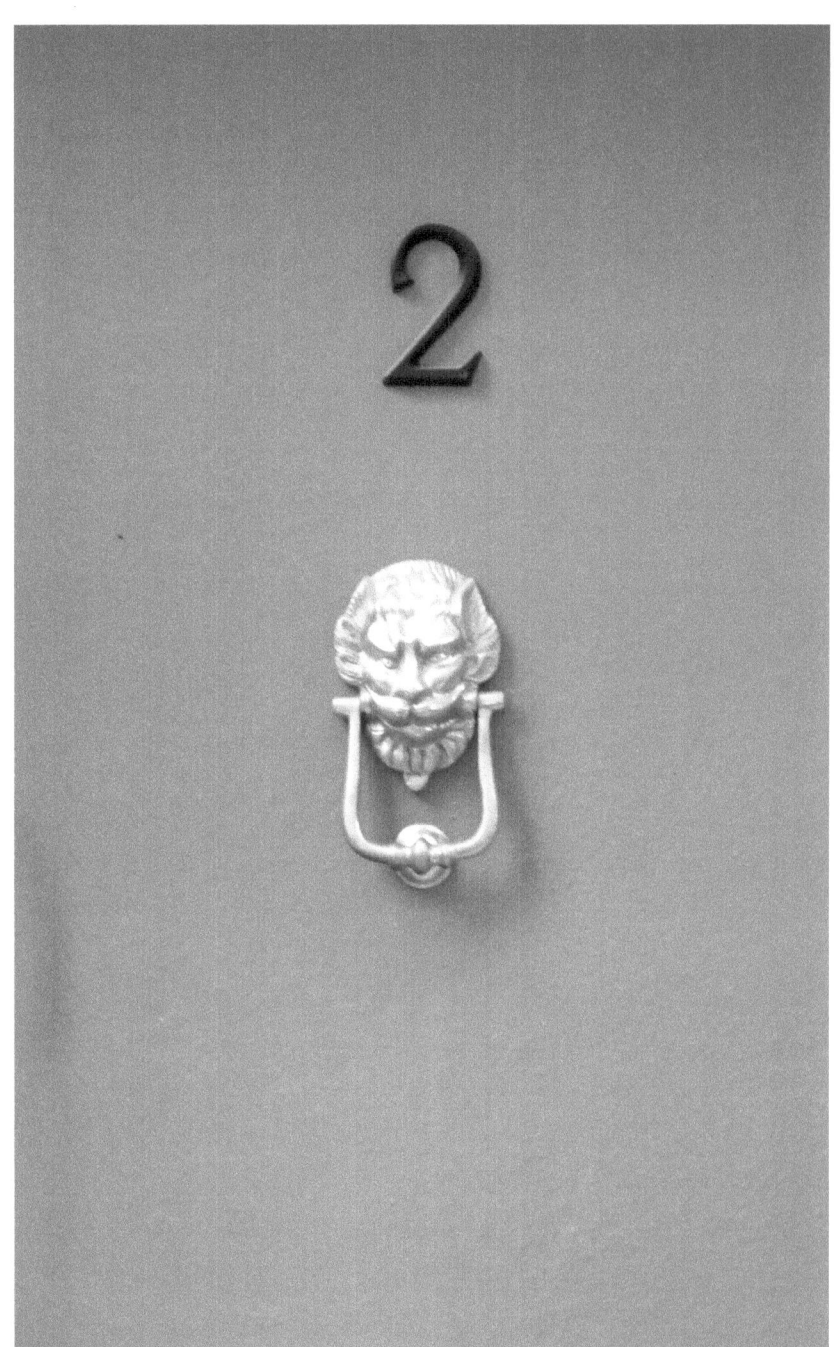

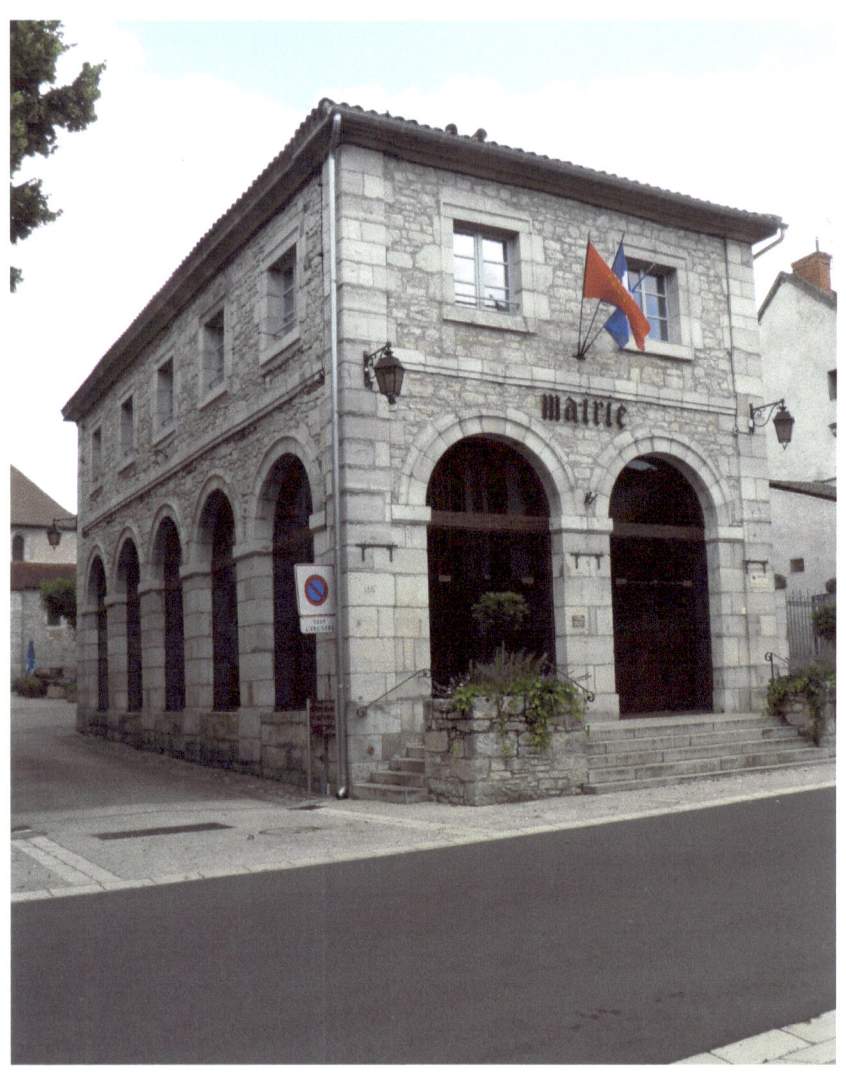

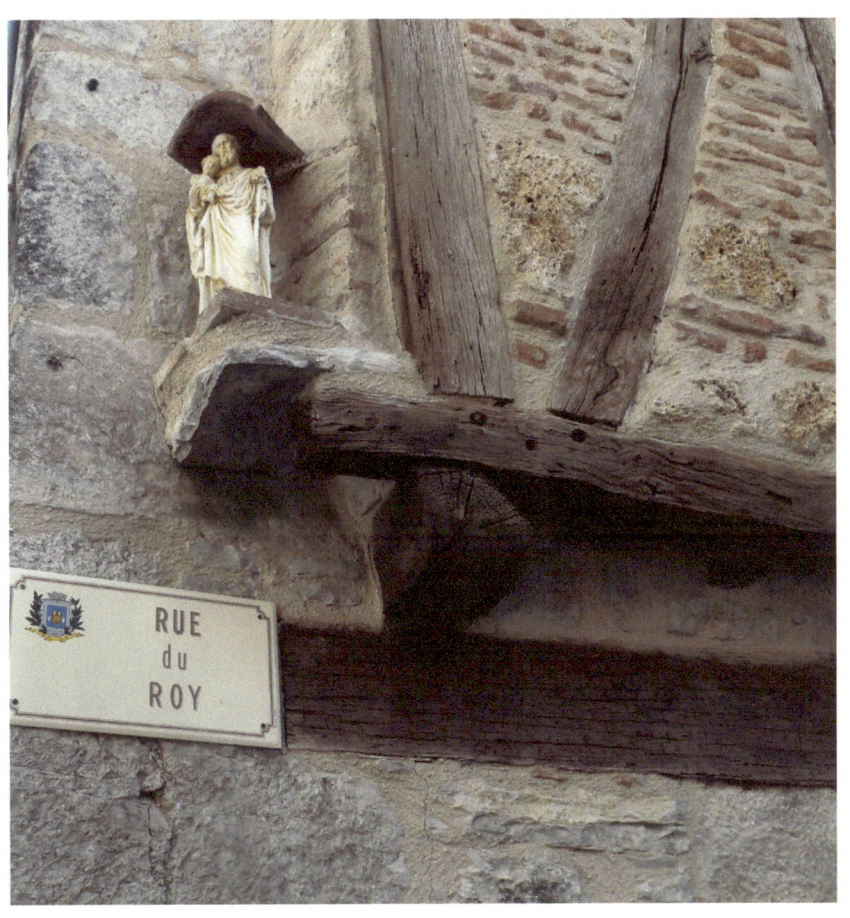

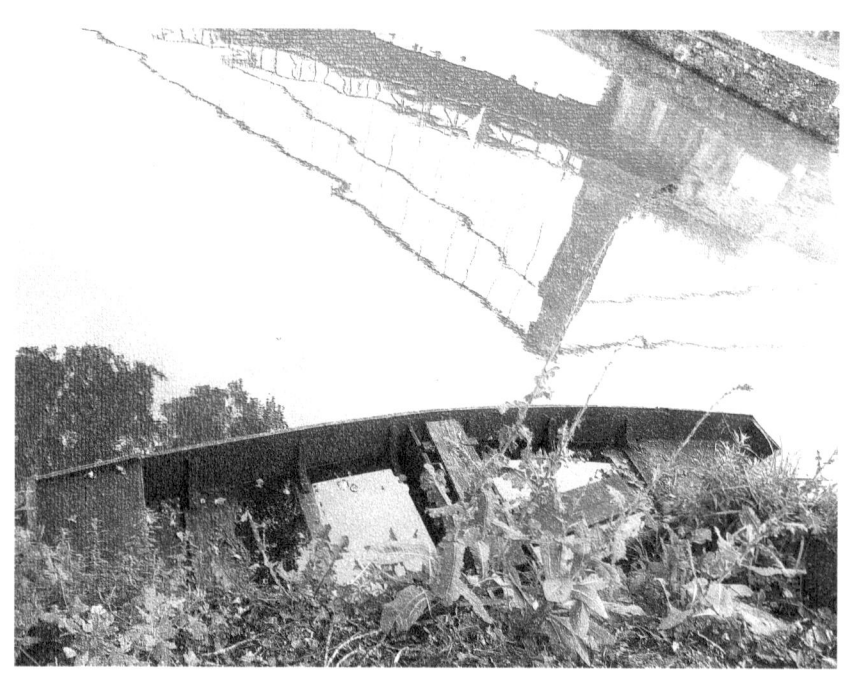

Le dolmen du Mas de Tardieu

De la place du Foirail, prendre la D19, la route de Gréalou (Le Verdier). Rapidement sur la gauche, un pigeonnier.

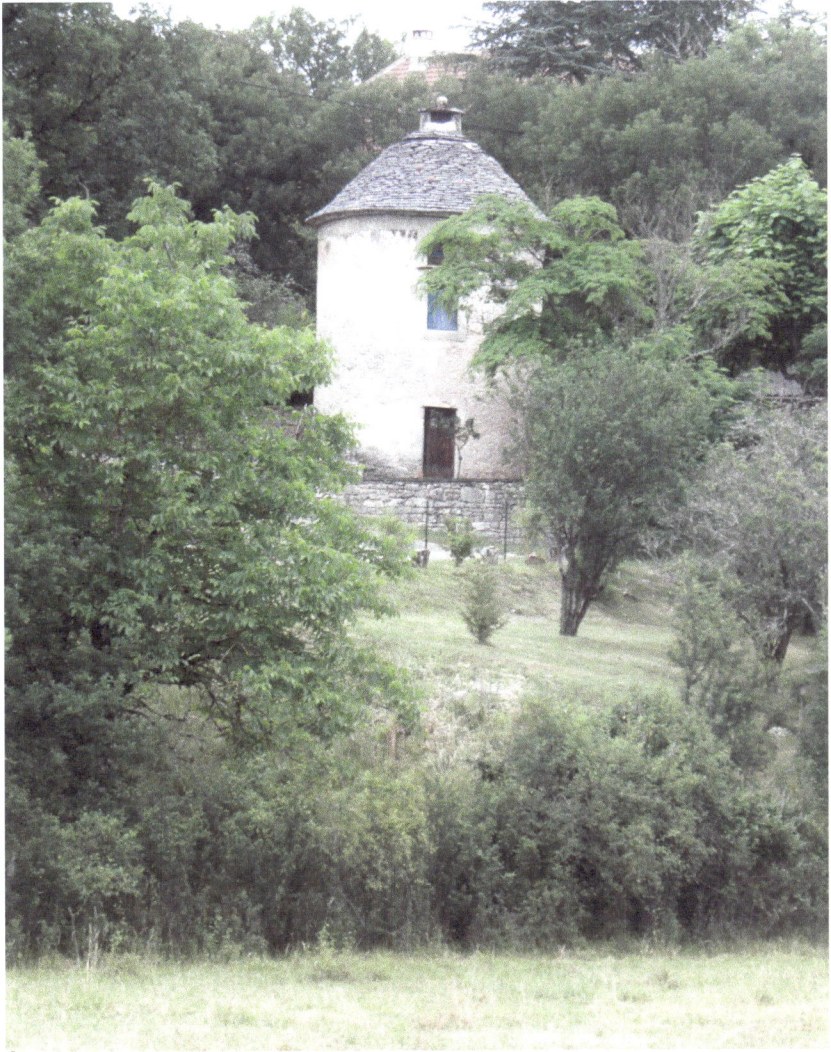

À moins de 3 kilomètres, après un virage, sur la gauche, une gariotte, que la route a bien voulu préserver mais si proche qu'un jour il ne serait pas étonnant que l'érosion la détruise.

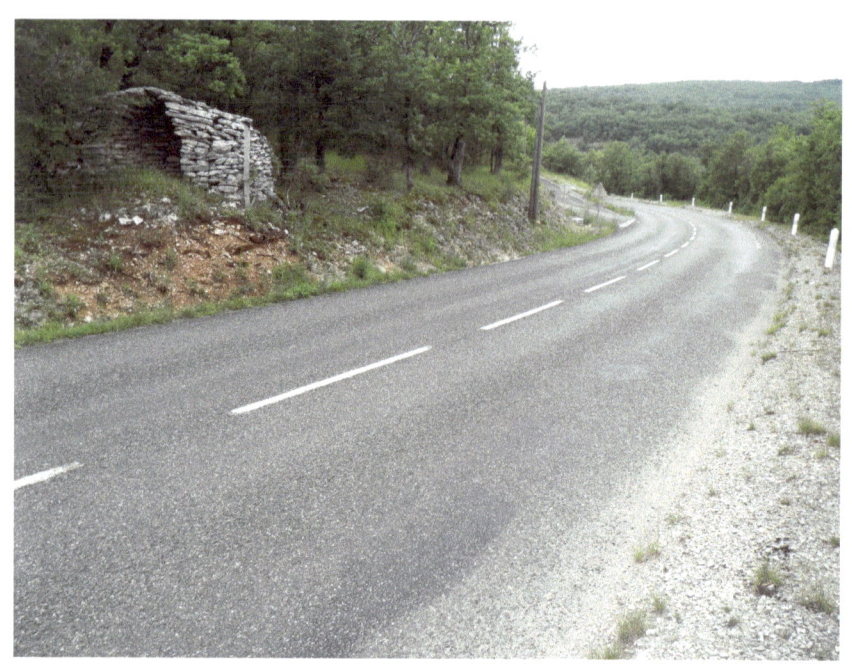

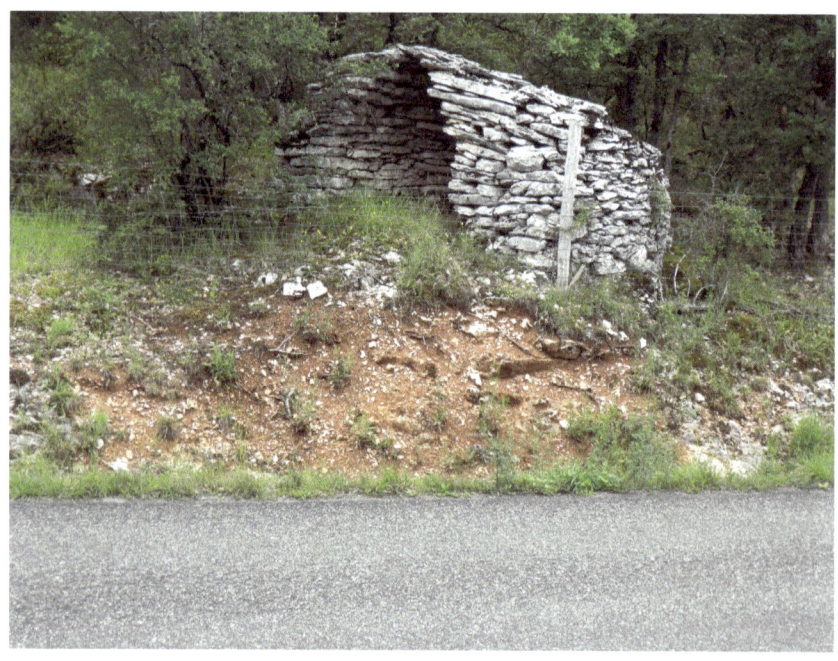

600 mètres après ce virage, toujours sur la droite, un petit chemin permet de découvrir une gariotte en bon état, à côté d'une ruine rectangulaire, sûrement une habitation.

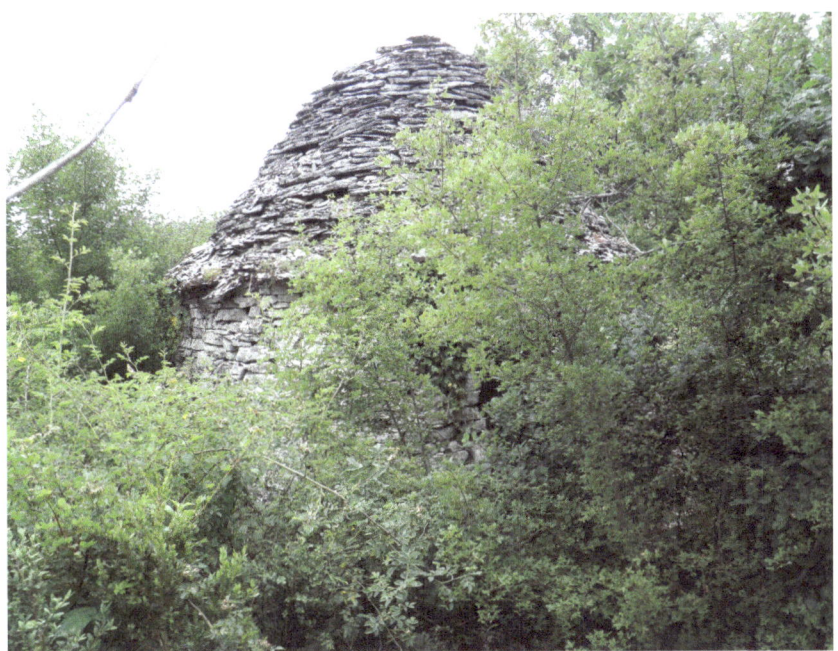

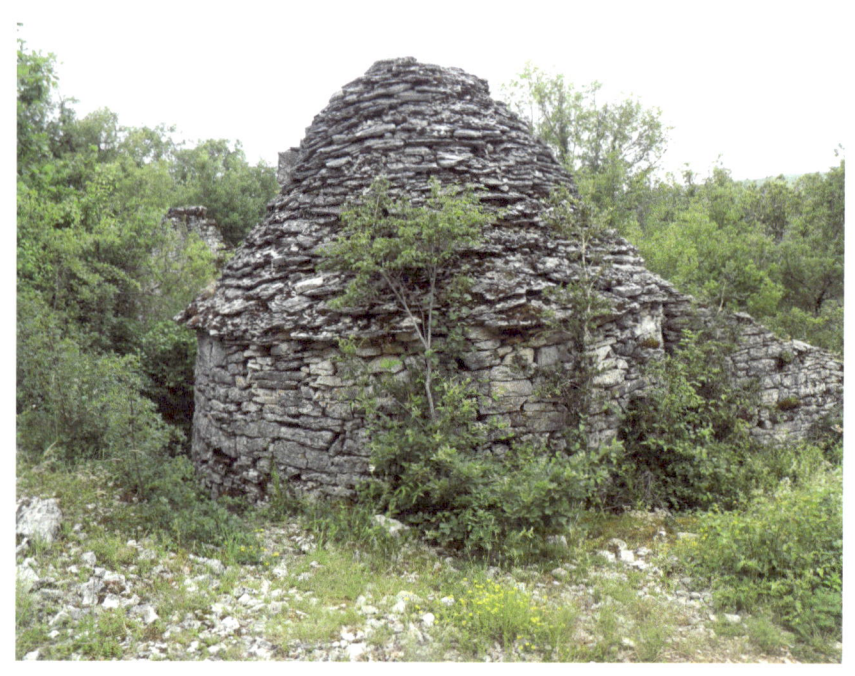

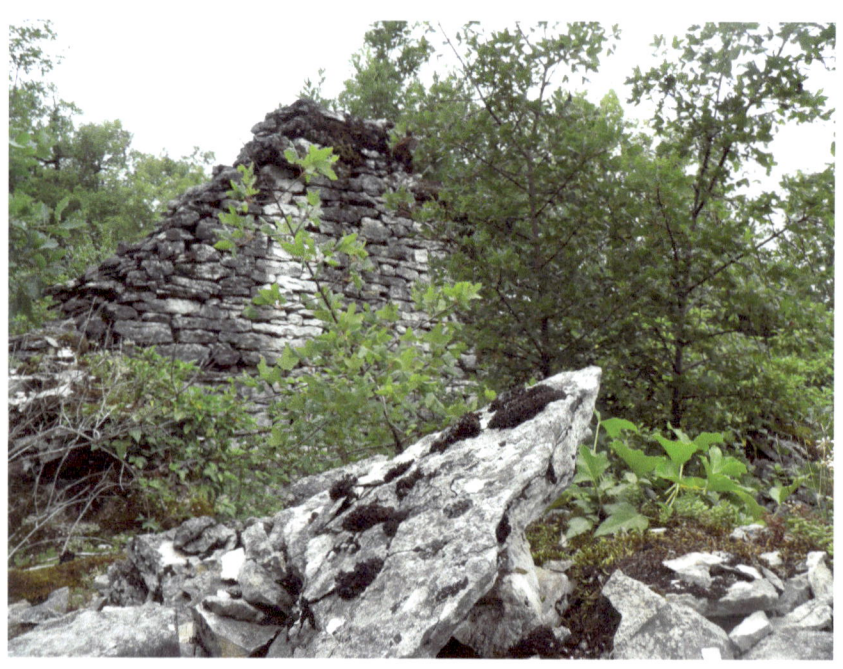

Environ 1 km plus loin, du même côté : *le Mas de Tardieu*. À environ 50 mètres sur cette route, dans une pâture : un dolmen. Qui laisse donc présager qu'il en exista bien d'autres dans les environs, certains sortiront peut-être bientôt de terre, immédiatement détruits par des propriétaires scandalisés qu'on pourrait leur interdire de construire, ou mis en valeur.

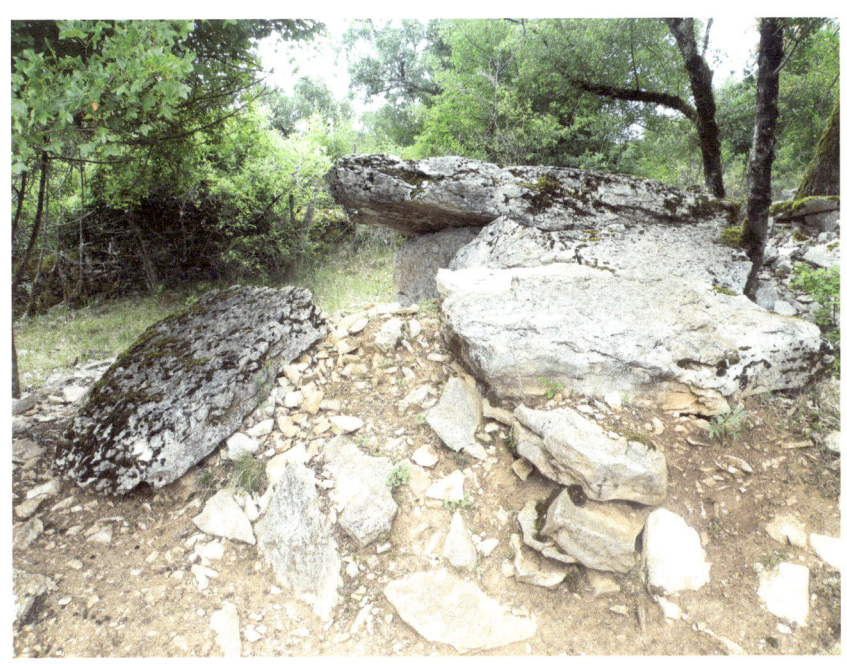

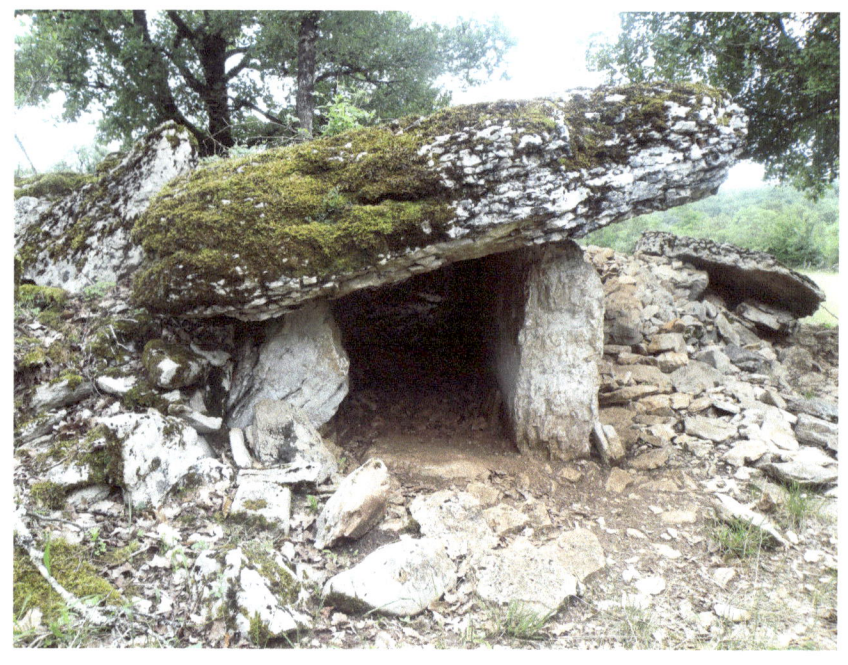

Environ 300 mètres plus loin, sur la droite, un puits avec une auge devant.

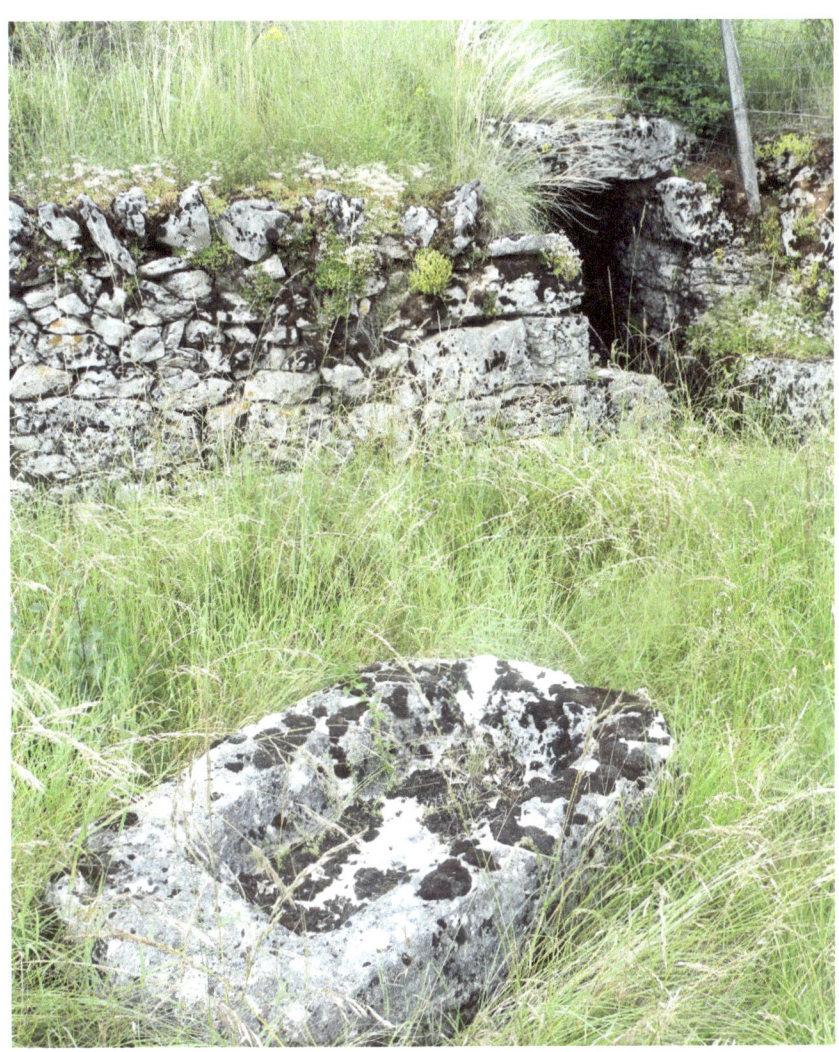

Faire demi-tour pour revenir vers Cajarc. Prendre sur la droite "le Verdier" (environ 900 mètres après être revenu à l'intersection route de Gréalou / Mas de Tardieu). Rester sur cette route environ 600 mètres jusqu'à une voie piétonne, qu'il faudra descende sur environ 300 mètres pour découvrir l'un des plus beaux lavoirs de la région.

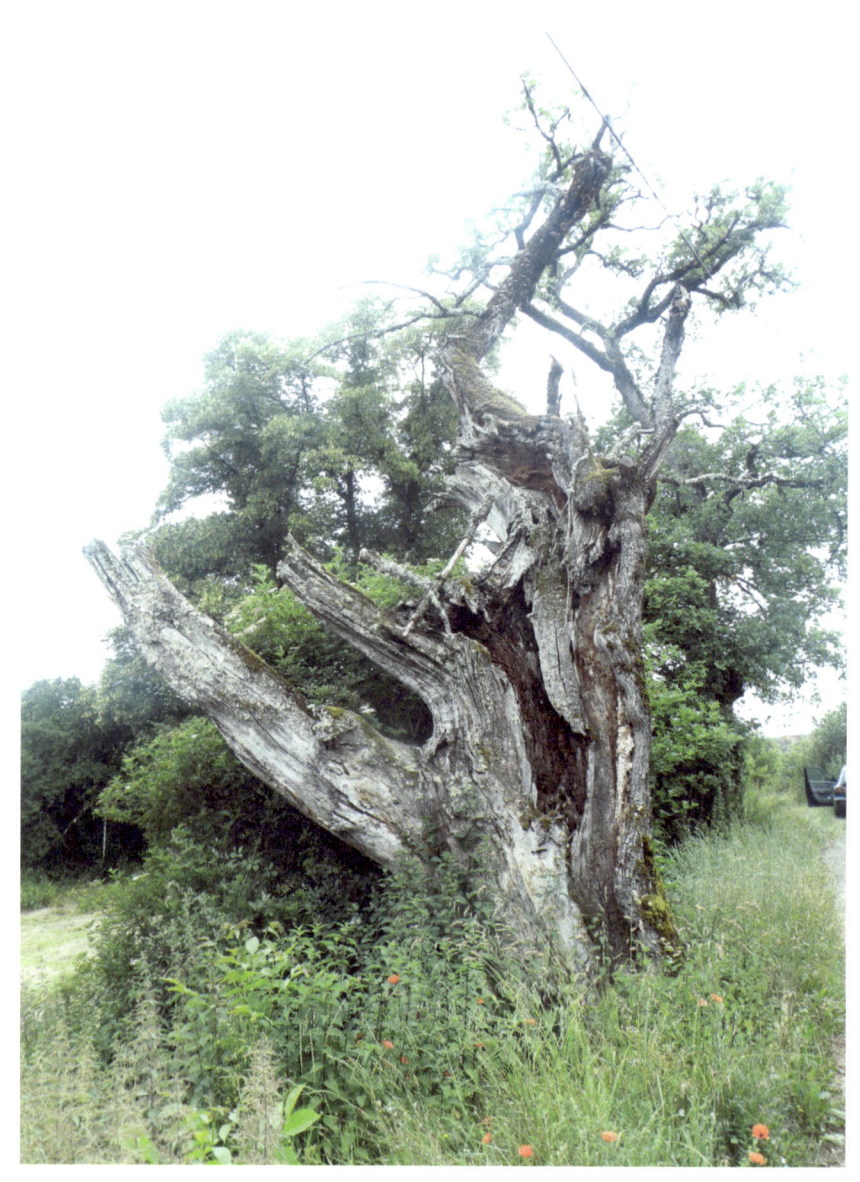

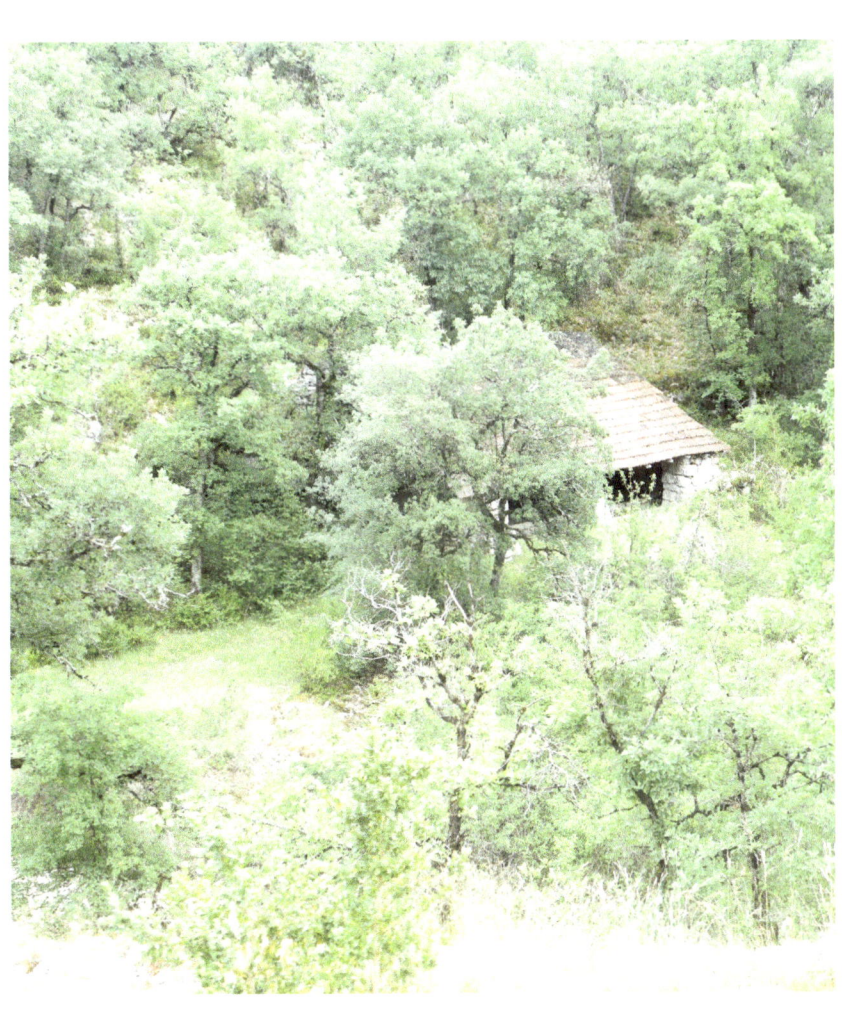

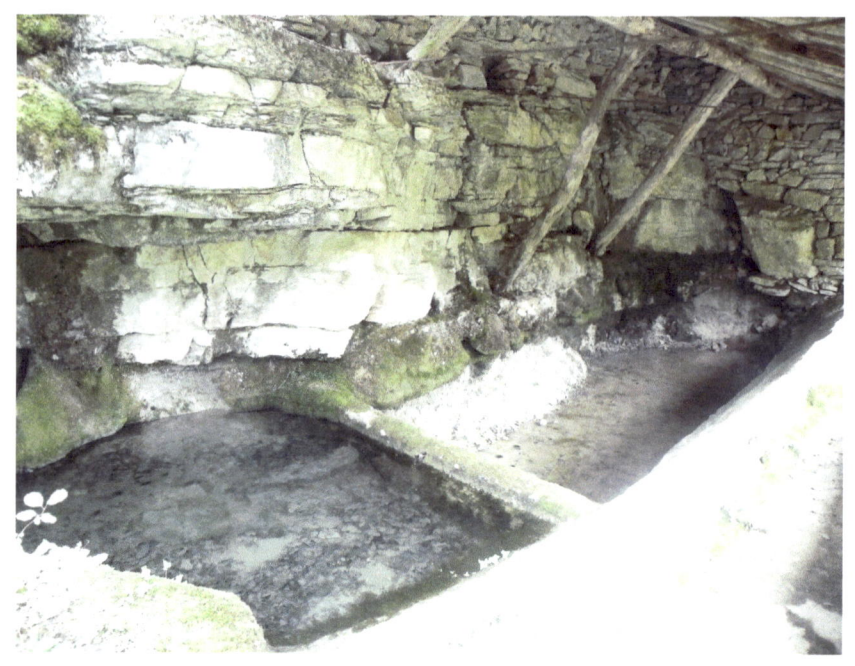

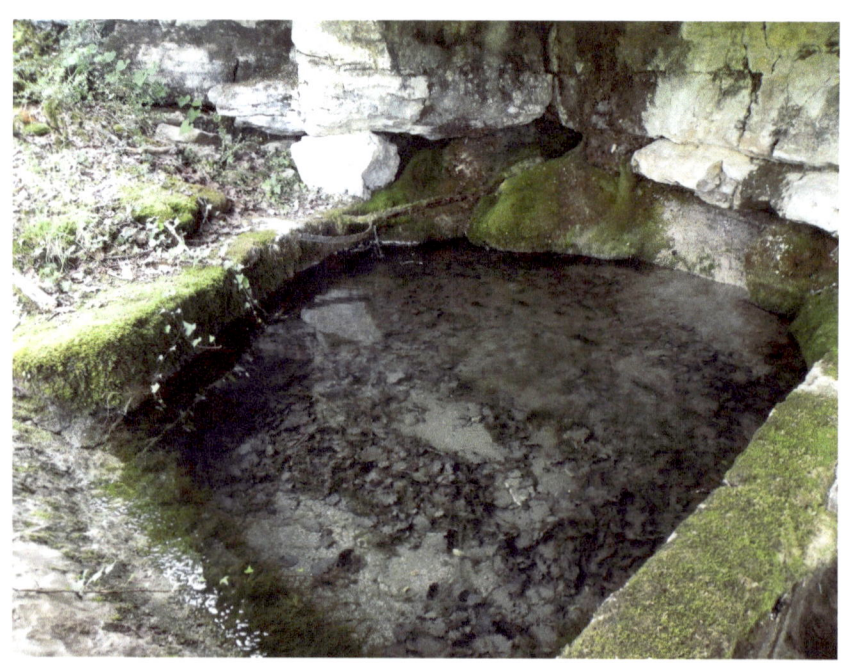

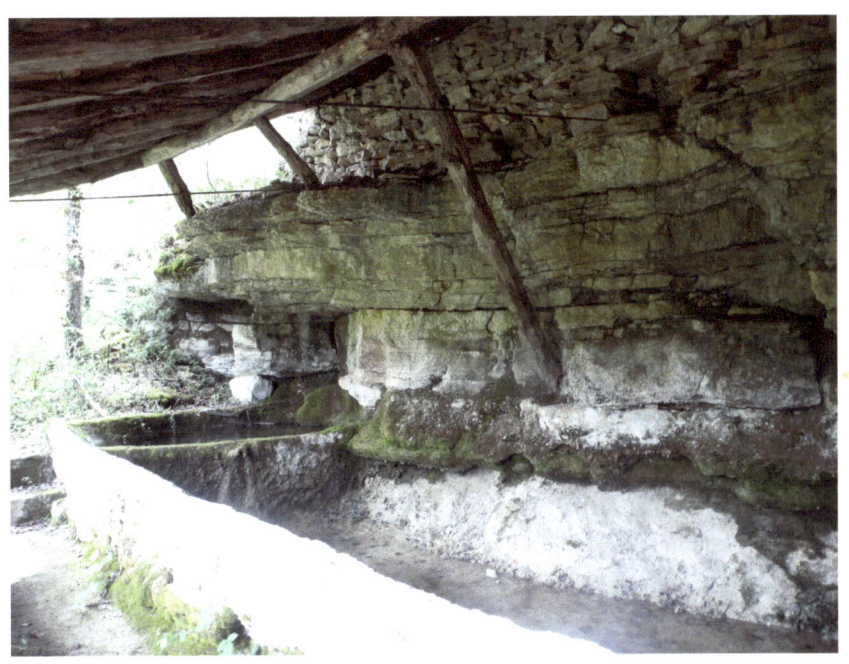

Sur la route du Verdier, 100 mètres plus loin prendre à gauche durant 300 mètres puis sur la gauche un chemin piéton pour découvrir moins de 100 mètres plus loin, couverte d'un magnifique toit de lauze, une fontaine où vivent des poissons rouges.

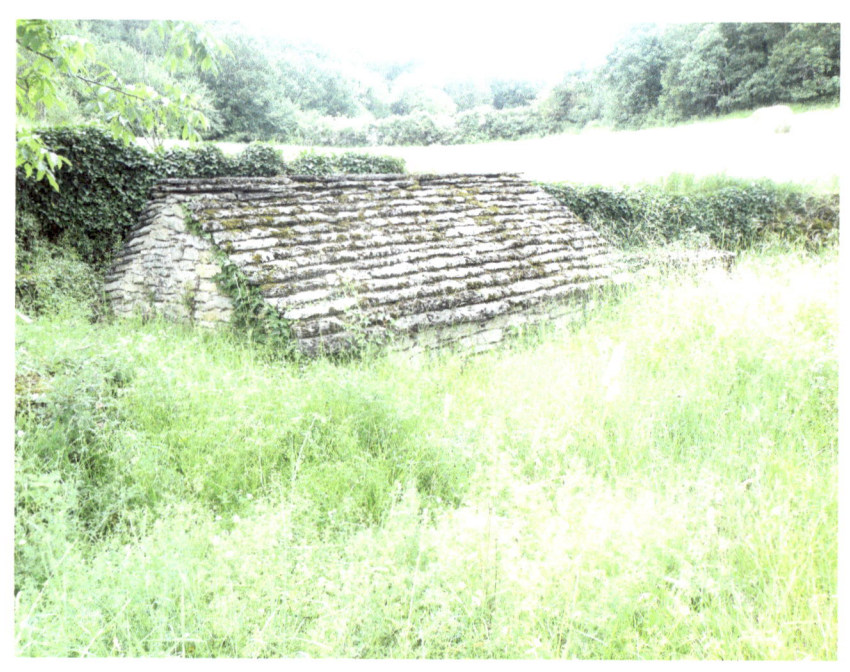

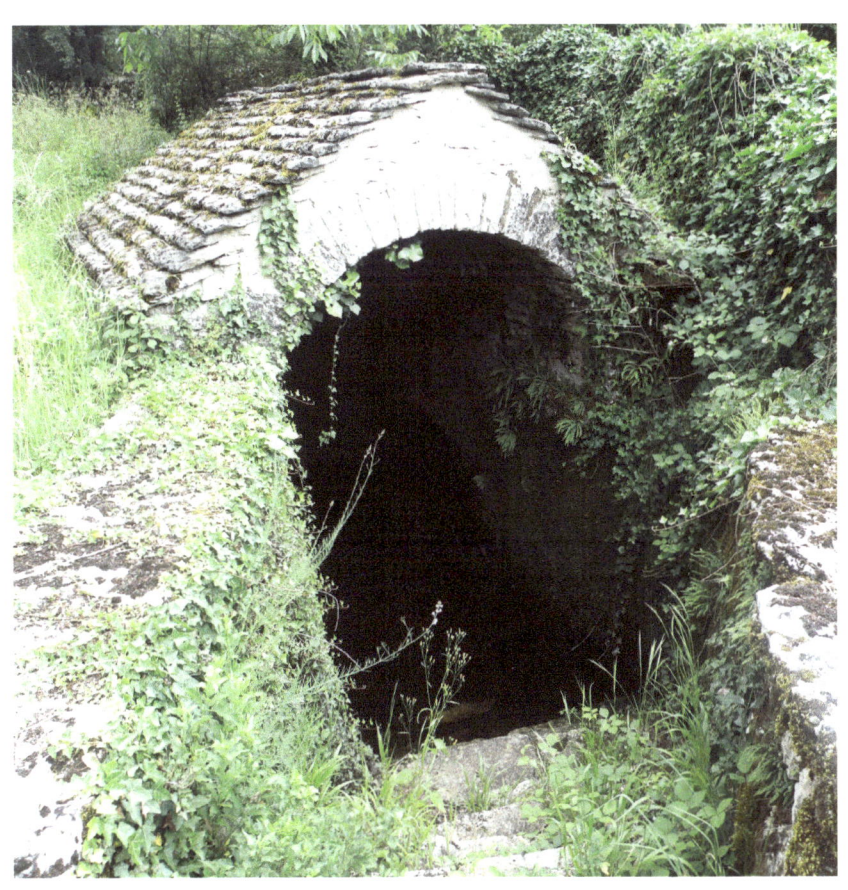

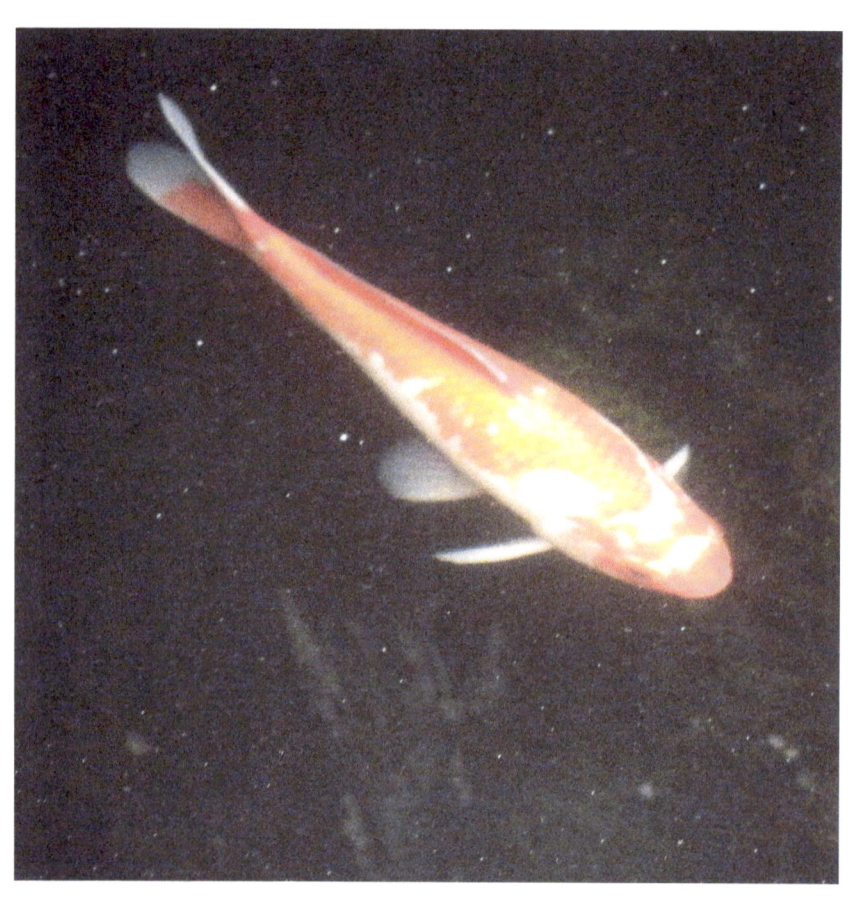

La capelette de Cajarc

En prenant la route de Cahors, avant Gaillac : La capelette

Présentation officielle gravée sur le lieu :

« Ce monument parait remonter au douzième siècle.
C'est le choeur de la chapelle d'une léproserie, qui occupait à cette époque le Pech d'Andressac.
Cette léproserie connue sous le nom de "la Magdeleine" existait déjà en 1267, ainsi qu'en témoignent les lettres de l'Evêque de Cahors qui le 6 septembre de cette année accordait des indulgences à ceux qui par leur travail ou par leurs dons contribueraient à en réparer les murs.
En 1310 "Guillaume de Rupe, Senior de Larroque" faisait don de six deniers de Cahors aux Luminaires de la Chapelle des Lépreux.
En 1334, un sieur Pierre Lacoste fait des legs semblables.
Vers cette même époque, Ayméric d'Hébrard, devenu évêque de Coïmbre en Portugal, donnait à cette léproserie le moulin fortifié de Coïmbre et ses dépendances, qui fut démoli en 1943 lors de la construction du barrage électrique.
Il n'en reste plus que la tour en contre bas de la chapelle.
Vers 1900 fut placée la grille en fer forgé qui ferme la chapelle et qui porte les initiales de
"Marie-Madeleine, Patronne des Lépreux"

En 1954, M. le Curé Doyen de Cajarc, avec

l'autorisation de la municipalité, aménagea ce sanctuaire et le soir du 15 août de la même année, au milieu d'une grands concours du peuple, on y placa la statue de la Vierge portée au Congrès Marial de Figeac le 13 juin. Elle est invoquée sous le vocable de "Notre Dame de la Paix" »

PASSANT
RECUEILLE-TOI UN INSTANT ET PRIE

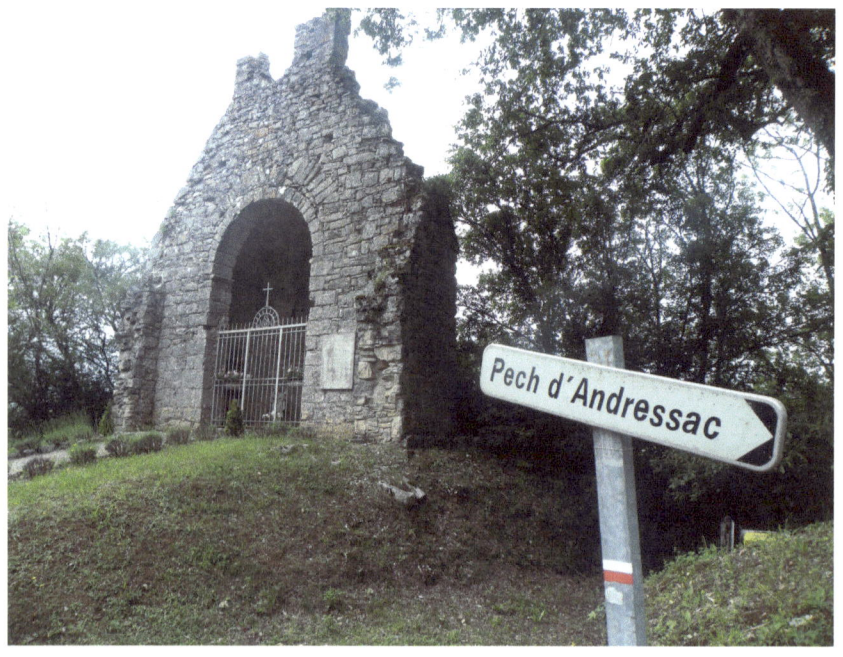

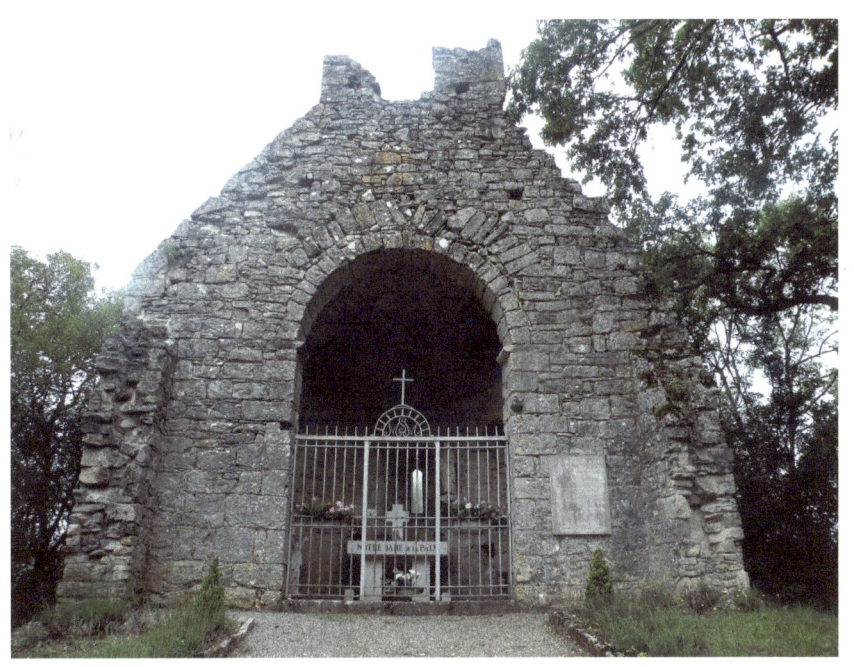

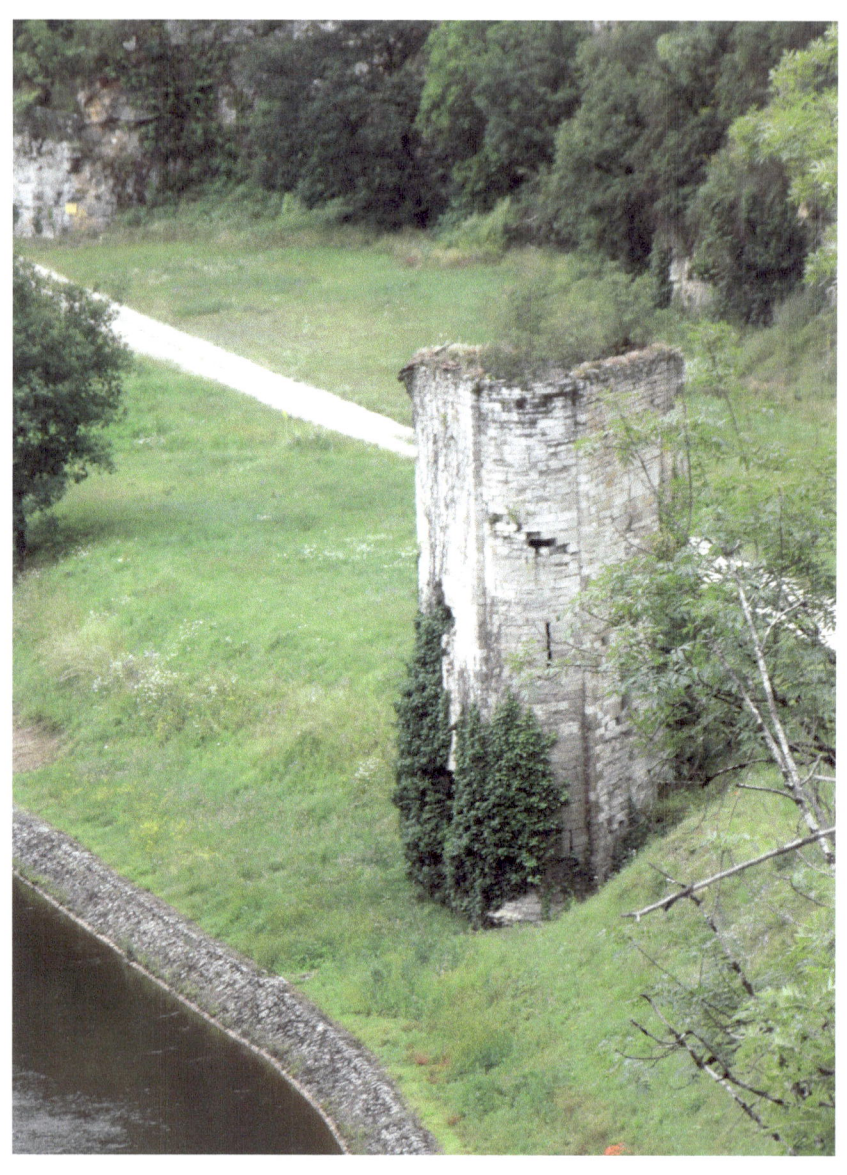

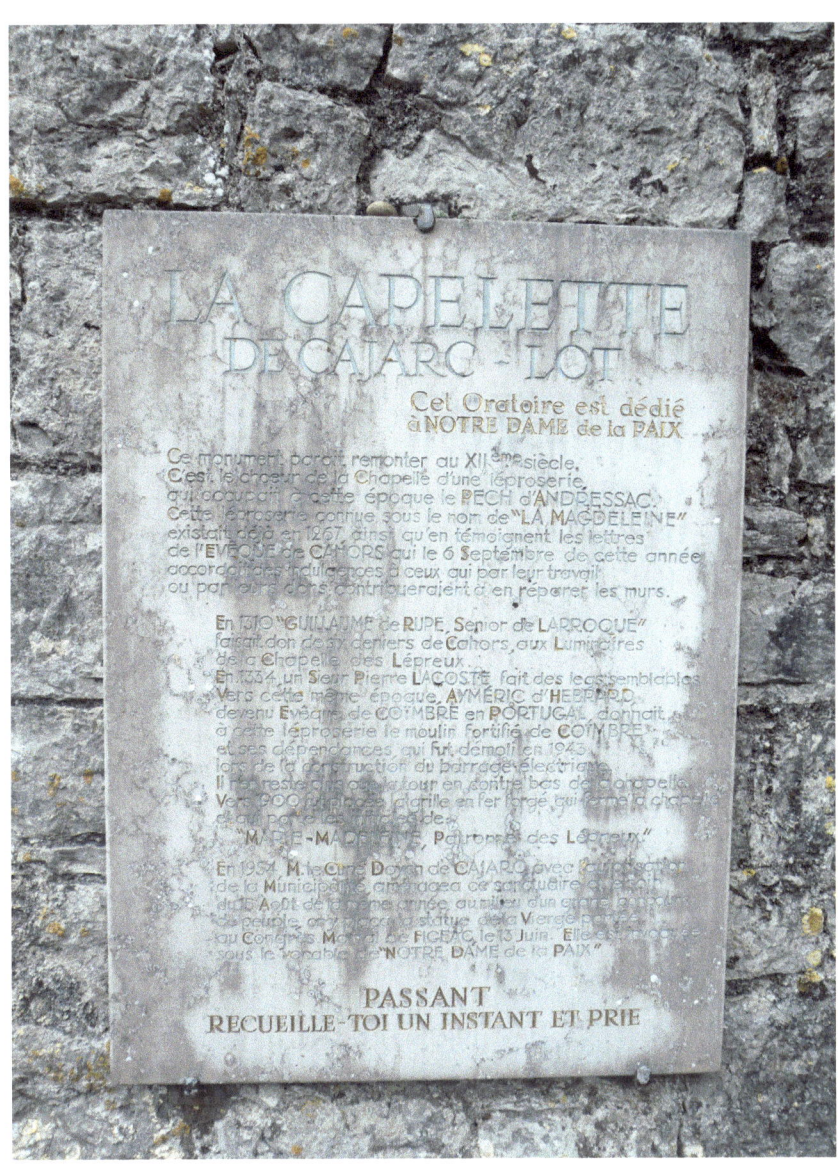

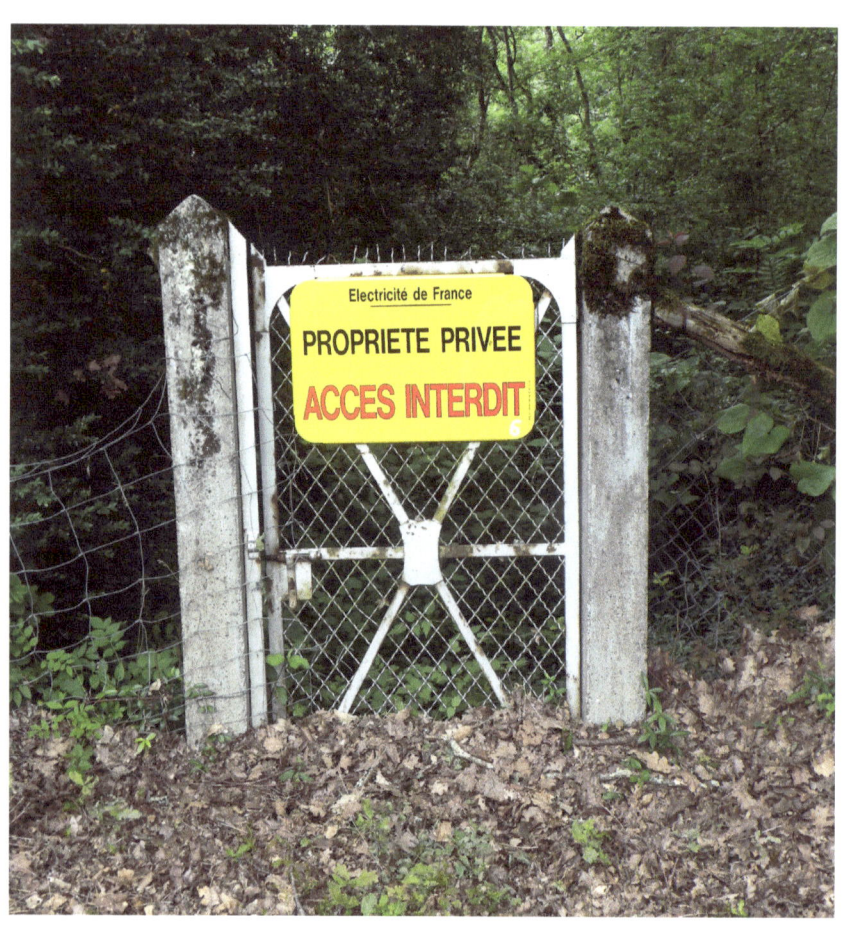

Route des cazelles gariottes cabanes

Gariotte, cazelle, cabane, peu importe le nom : il s'agit de constructions en pierres sèches, sans charpente, caractéristiques du Quercy au point que certains produits l'utilisent pour marquer leur origine, l'idée de tradition gastronomique quercynoise.

Certains voudraient imposer une distinction où gariotte se limiterait aux trous, modestes abris dans les murs ou tas de pierres alors que cazelle s'appliquerait à la construction en pierre sèche, de préférence ronde et couverte en coupole encorbellée. D'autres prétendent que gariotte ne serait utilisé qu'aux alentours de Cahors ou plairait aux vilains sans racines lotoises. Donc tout bon lotois devrait lui préférer cazelle !

Ces arguties sont balayées par une certitude : les anciens parlaient tout simplement de cabane. Même dans les textes. Le terme « gariotte » s'est imposé, peut-être tout simplement pour sa beauté, la part d'insondable poésie véhiculée.

Le grand Robert de la langue française ne nous apporte aucun élément : ni l'une ni l'autre chez la référence dirigée par Alain Rey aussi pris en flagrant délit d'oubli d'auto-édition alors que ses dictionnaires sont auto-édités ! (j'ignore si ses ancêtres ont travaillé notre terre)

Gariotte semble provenir de *garite* (1360), de l'ancien français *garette*, de *garir* "protéger", comme guérite. De la gariotte à la guérite... Des refuges.
Quant à cazelle : la case, du latin *casa*, cabane.

Ces constructions sont fragiles, surtout quand elles ne sont pas entretenues, et elles disparaissent, rongées par les mousses, démolies par la végétation, émiettées par le gel, détruites pour permettre le passage des tracteurs et autres engins agricoles.

Même si la technique était connue avant, les plus anciennes sont (seraient) du début du dix-neuvième siècle, période de forte démographie régionale, d'où défrichement de parcelles nécessaires et donc épierrement (ou épierrage ; retirer les pierres et cailloux des parcelles). L'arrivée de "nouvelles charrues" à soc, qui permettaient de travailler la terre de manière plus profonde, nécessita également l'épierrement.

Que faire de ces pierres ? Des murets pour séparer les parcelles et des abris pour les hommes lors des intempéries, les outils agricoles, protéger du soleil le repas du midi, se reposer (il se murmure que des jeunes filles et de jeunes garçons y auraient connu leurs premiers émois). Pour le berger, le vigneron. Mais également y abriter l'agneau, la brebis malade....

Même si des propriétaires ont la chance de posséder des gariottes près de leur maison, elles se situaient alors principalement loin des habitations, où les terres avaient été délaissées quand le nombre de personnes à nourrir ne nécessitait pas leur utilisation.

Leur toiture sans charpente suscite l'admiration, magie de l'encorbellement, technique de construction permettant de couvrir en posant des pierres à plat, par assises régulières, avec un surplomb vers l'intérieur à chaque assise.

Furent-elles habitées ? Certaines, quand la place manqua lors de l'expansion démographique du début du dix-neuvième siècle. On cite également des cas de "marginaux", de pauvres, qui en firent jusqu'au début du vingtième siècle leur maison, parfois avec une cheminée, des fenêtres.

A quoi peuvent bien servir ces abris en 2013 ? À la beauté et à la mémoire. Mais le patrimoine, et la politique lotoise en est un exemple flagrant, est un patrimoine de classes, avec des millions d'euros injectés dans les cathédrales et des miettes parfois accordées aux constructions paysannes.

La technique de construction en pierres sèches servait également a bâtir les maison, les puits et pigeonniers.

Tout en haut au bord de la colline, elle domine la route de Cahors, la gariotte sûrement la plus photographiée...

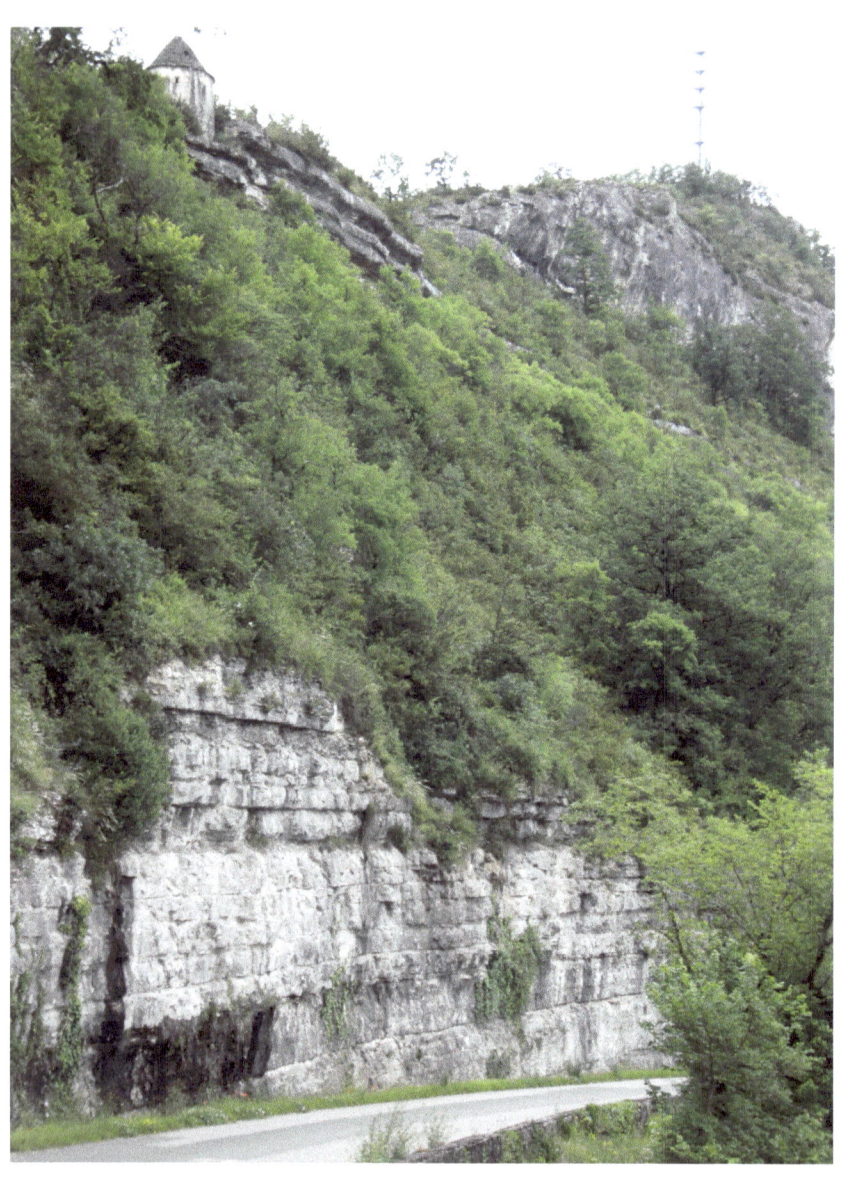

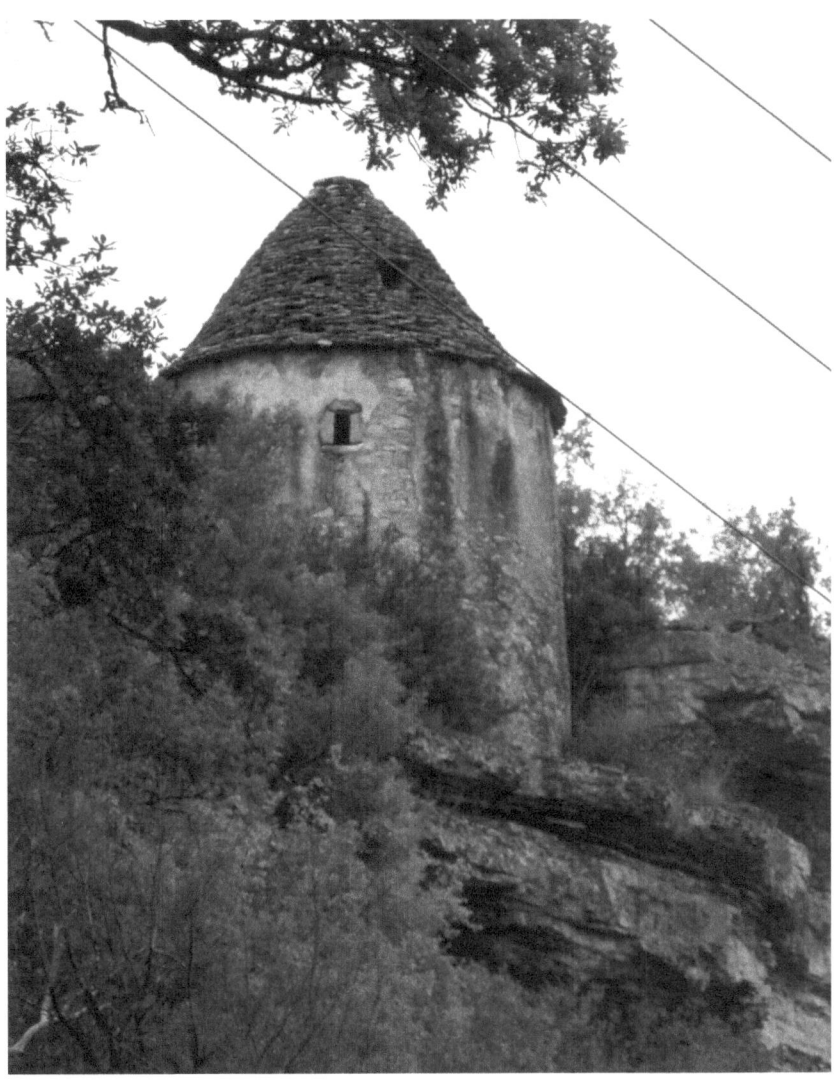

Pour s'y rendre : environ 1,4 km après la sortie de Cajarc, prendre sur la droite, panneau "le Causse." Attention, on parle du causse pour une grande partie du territoire mais là il s'agit d'un lieu-dit. 400

mètres plus loin, prendre la voie piétonne juste avant le château d'eau administré par la Saur.
Ce point haut offre une magnifique vue sur Cajarc, le Lot, et le barrage.

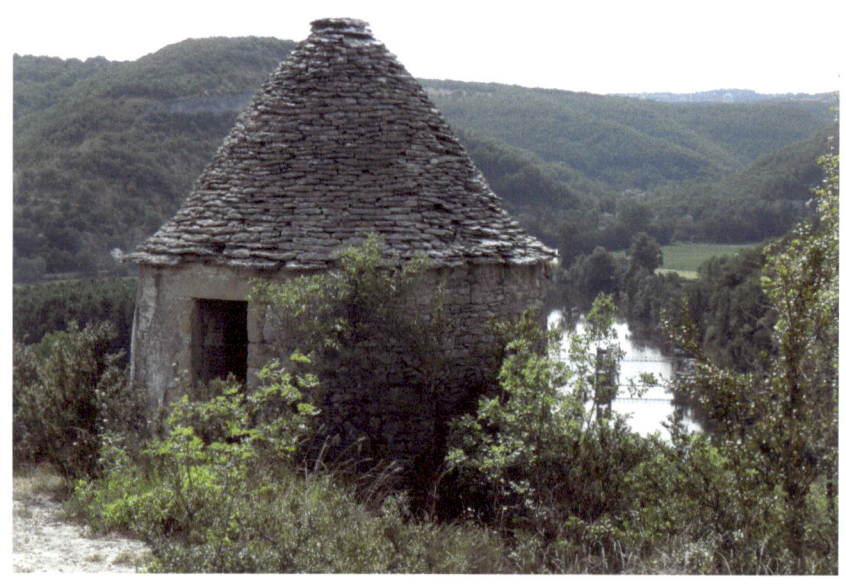

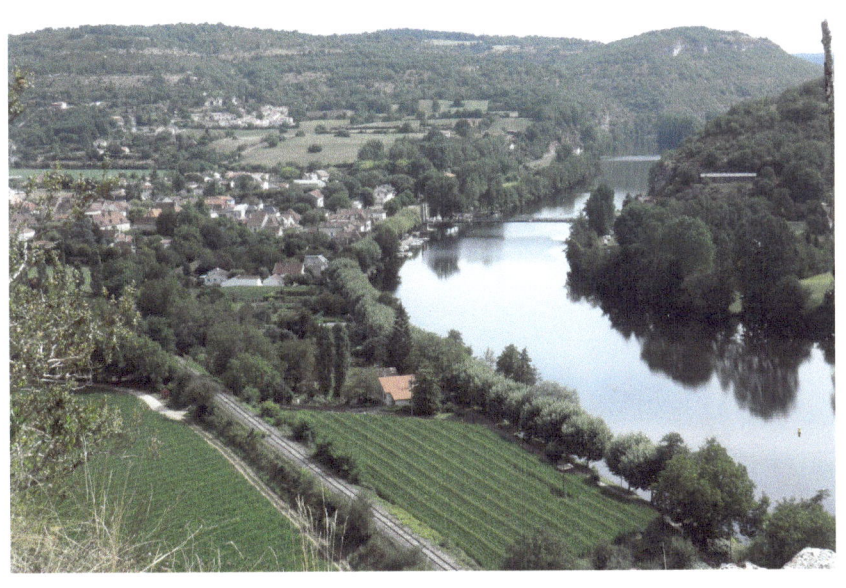
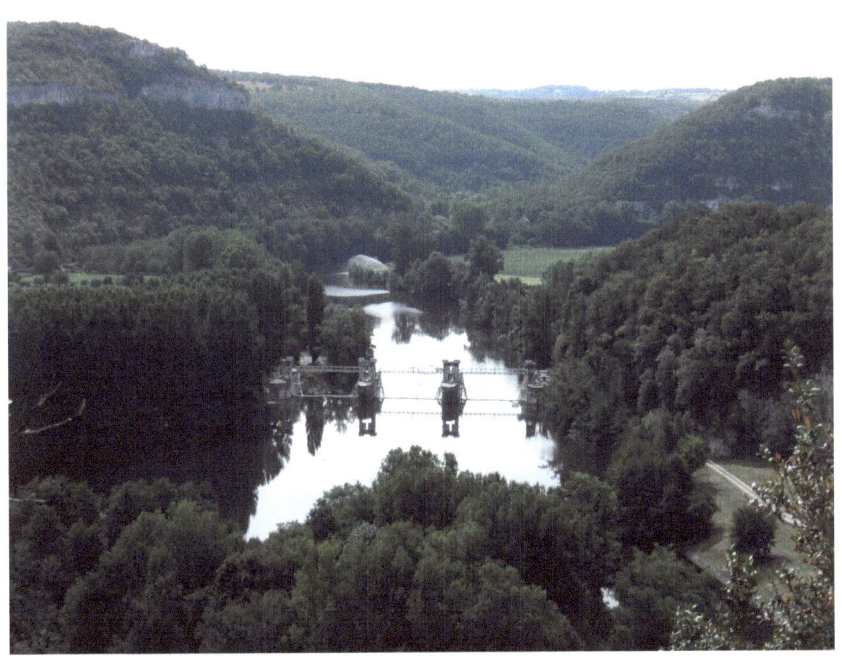

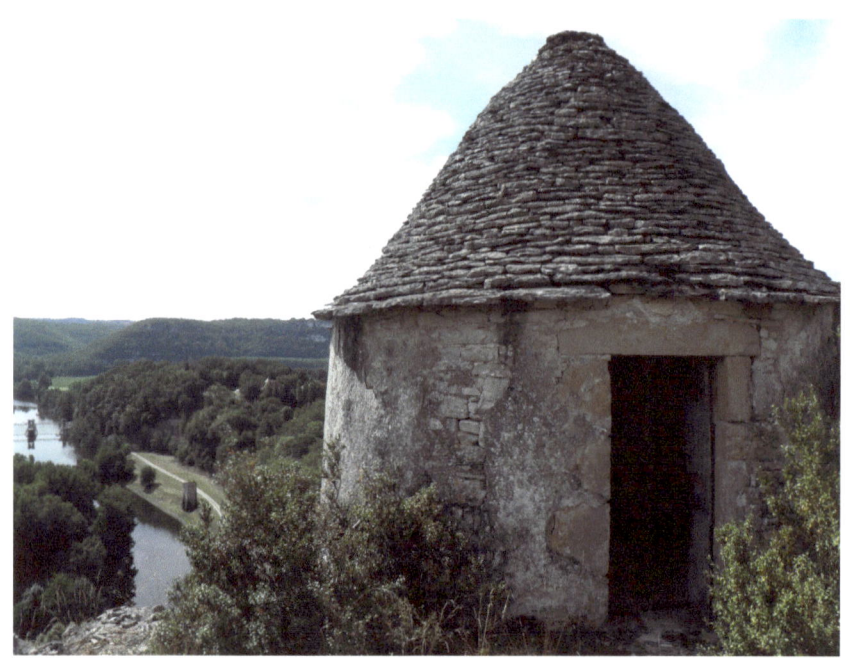

Juste après ce château d'eau, le réservoir de La Combelle, sur la droite, également une gariotte.

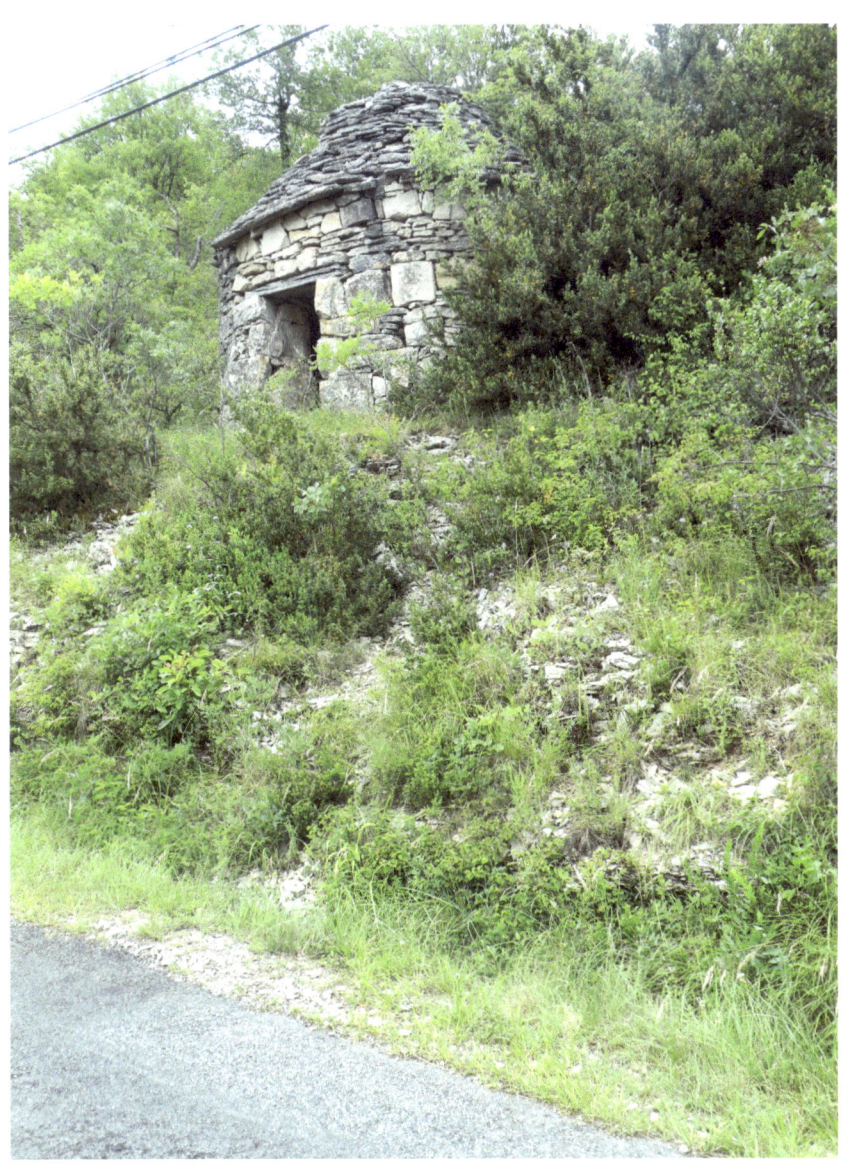

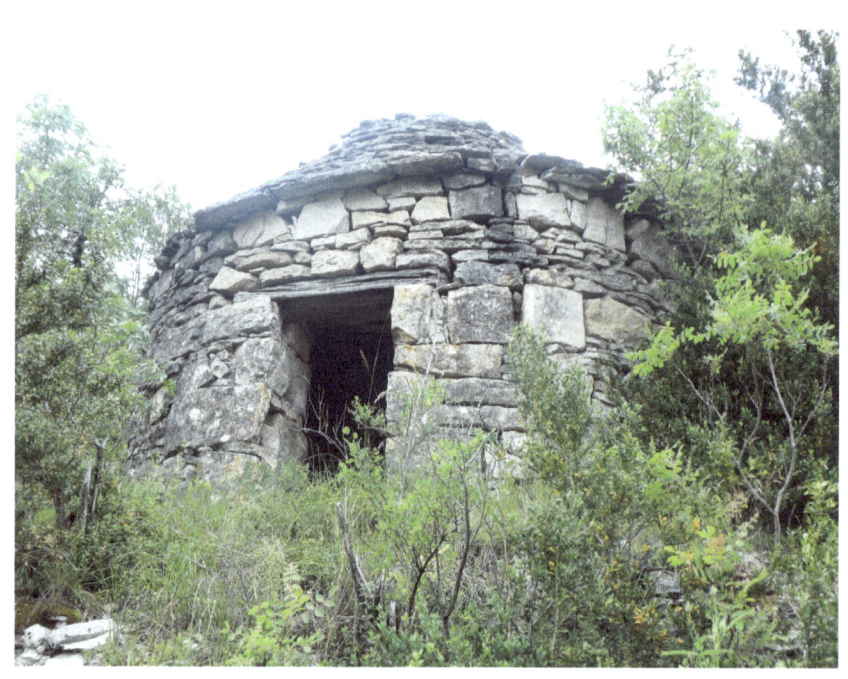

700 mètres plus loin, prendre à droite direction "La Plogne." Où deux gariottes s'offrent à nos regards. Puis faire demi-tour, revenir sur « la route du Causse. »

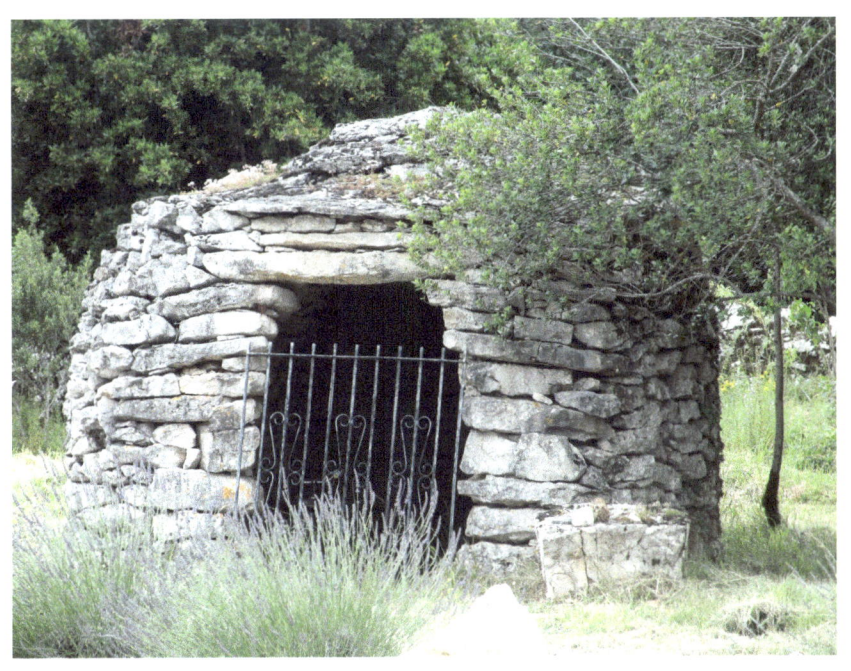

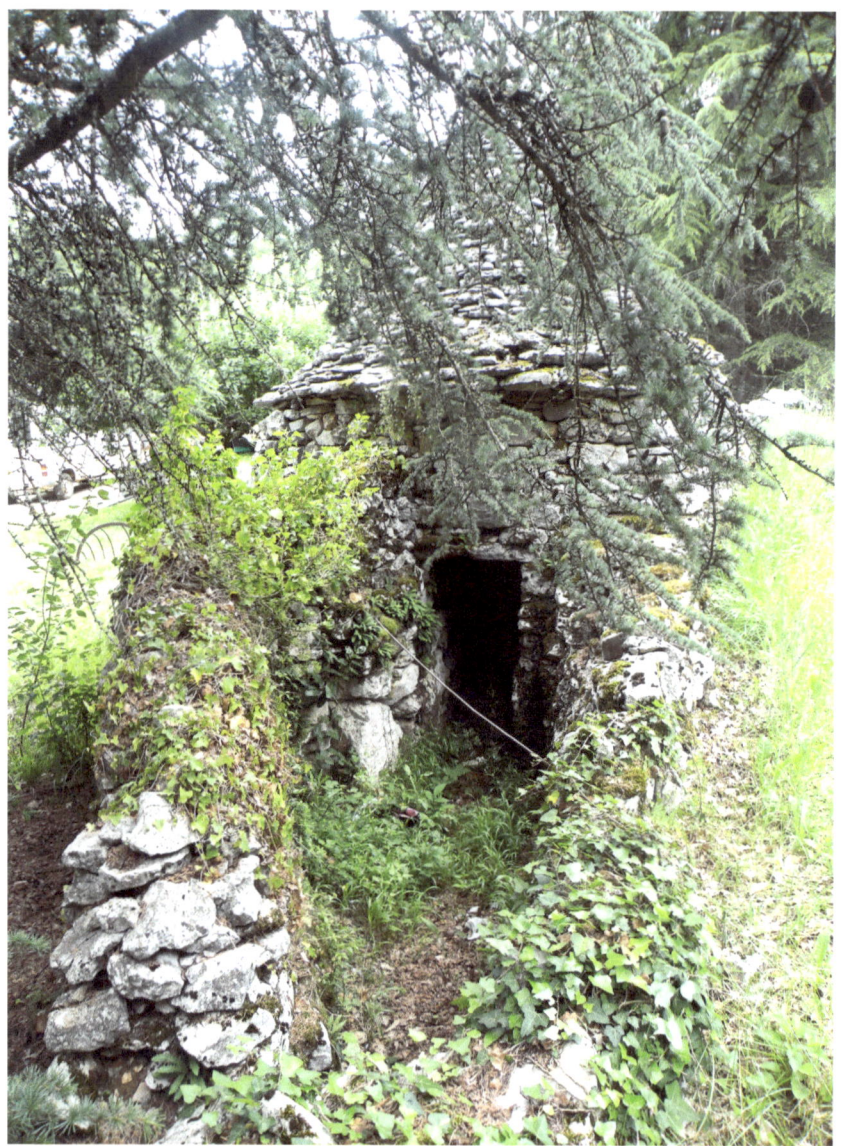

Maintenant, il s'agit de trouver "l'espace Pompidou." Ne cherchez aucun panneau ainsi gravé ! Après 1,3 km sur cette route du Causse, prendre Naudy-Prajoux. 700 mètres plus loin, à gauche, Prajoux. Et elle est là, la gariotte qui devrait rappeler la guérite aux gendarmes chargés de stopper les curieux qui auraient osé venir importuner le Premier Ministre puis Président de la République. Une gariotte des années 1960 !

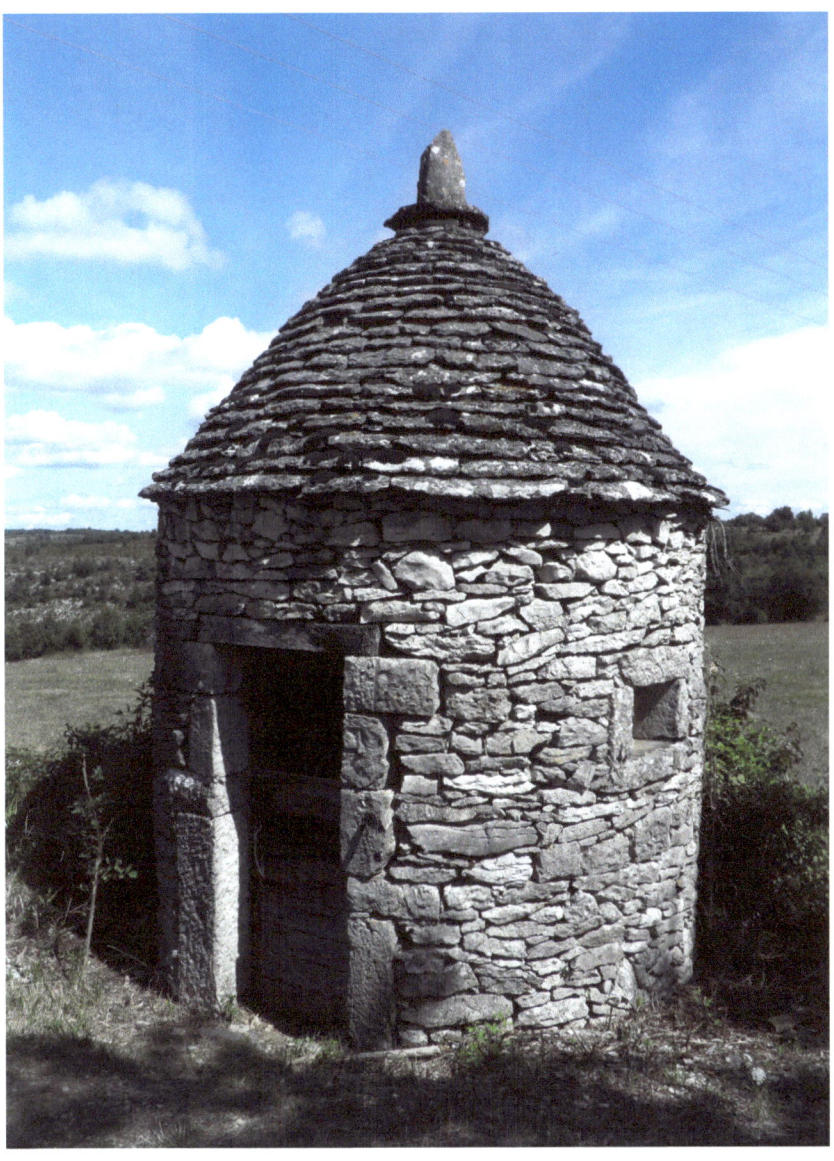

En continuant sur cette route, en moins d'un kilomètre, deux "vraies gariottes", l'une près d'un calvaire, l'autre dans une pâture.

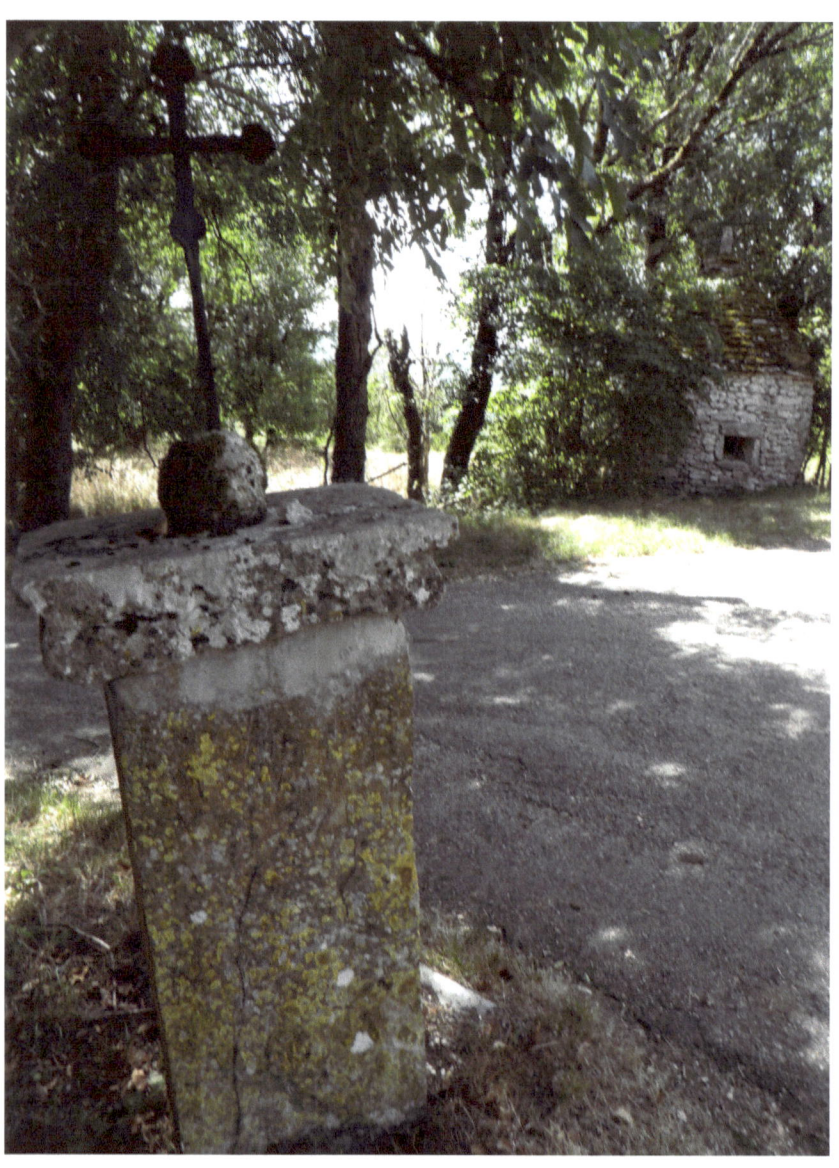

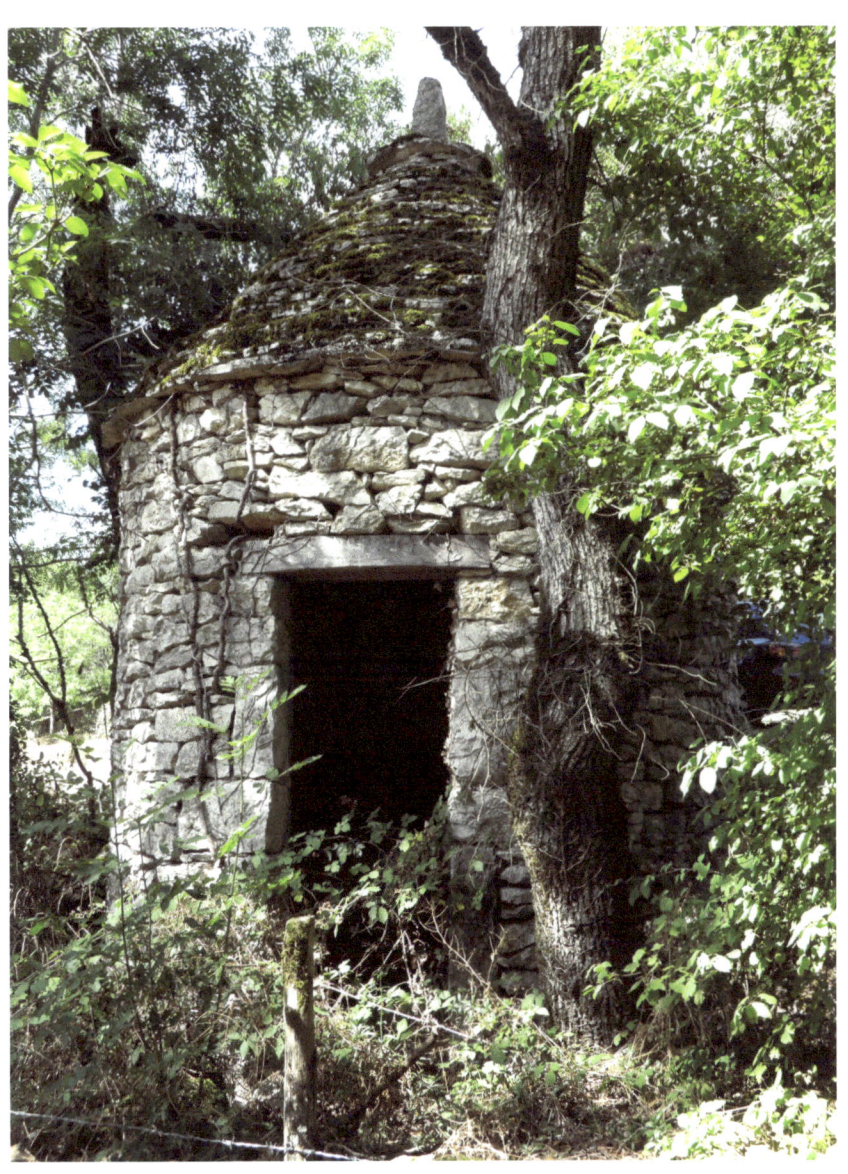

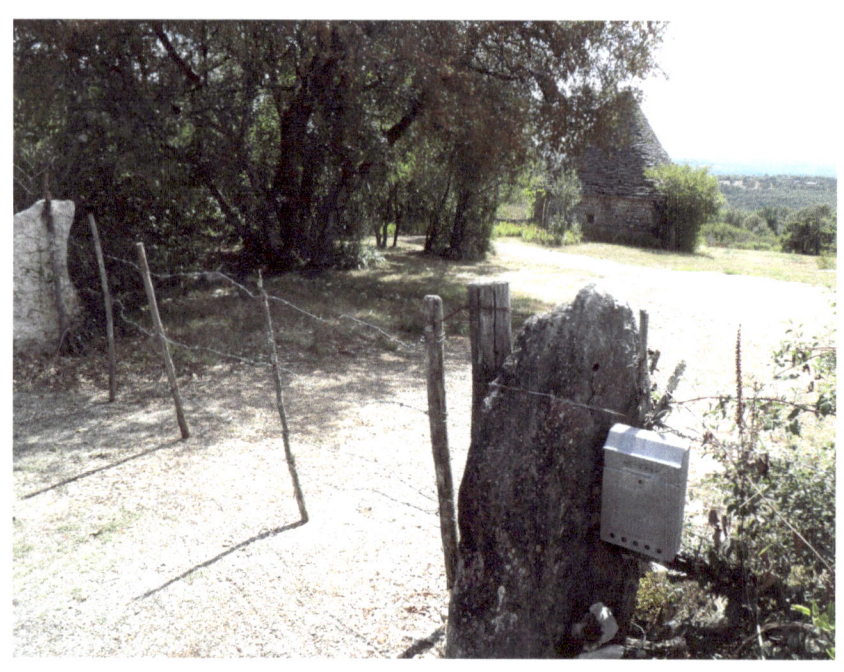
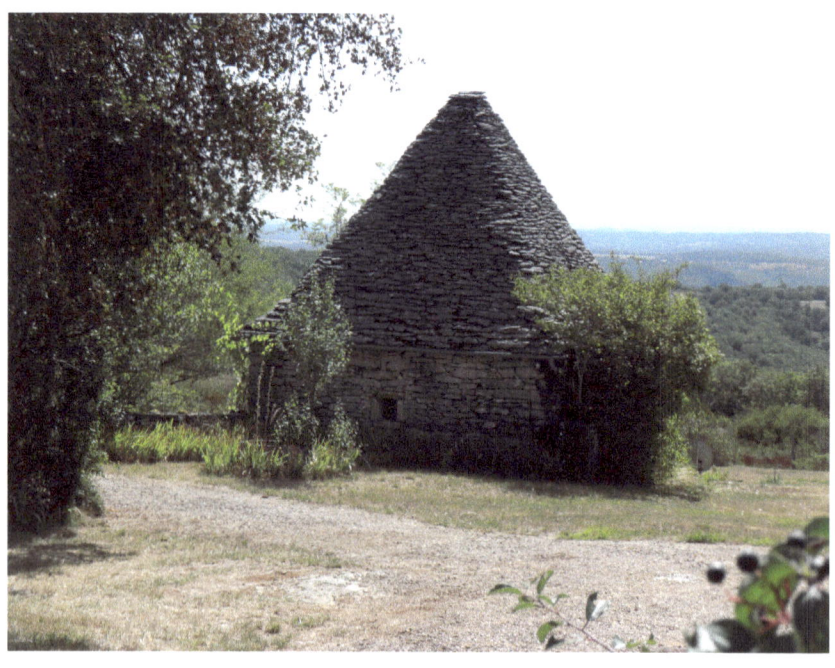

Demi tour et direction Naudy-bas où un ensemble puits, abreuvoir, lavoir offre la possibilité d'une grande quiétude. Comme la vie pourrait être simple… si l'on était certain que l'eau soit potable…

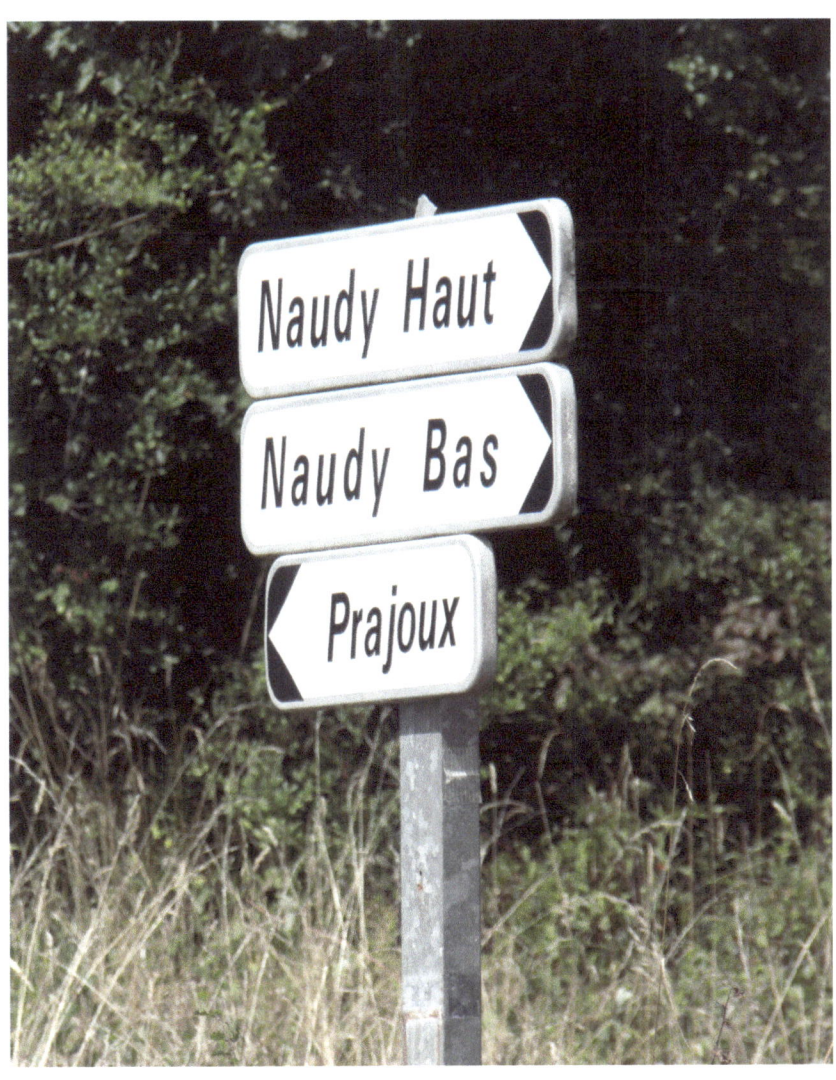

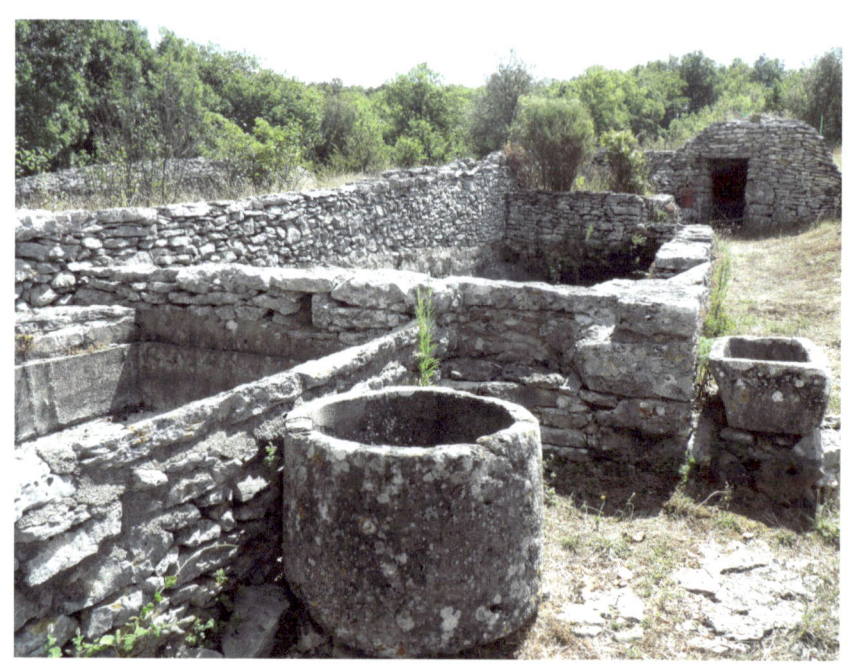

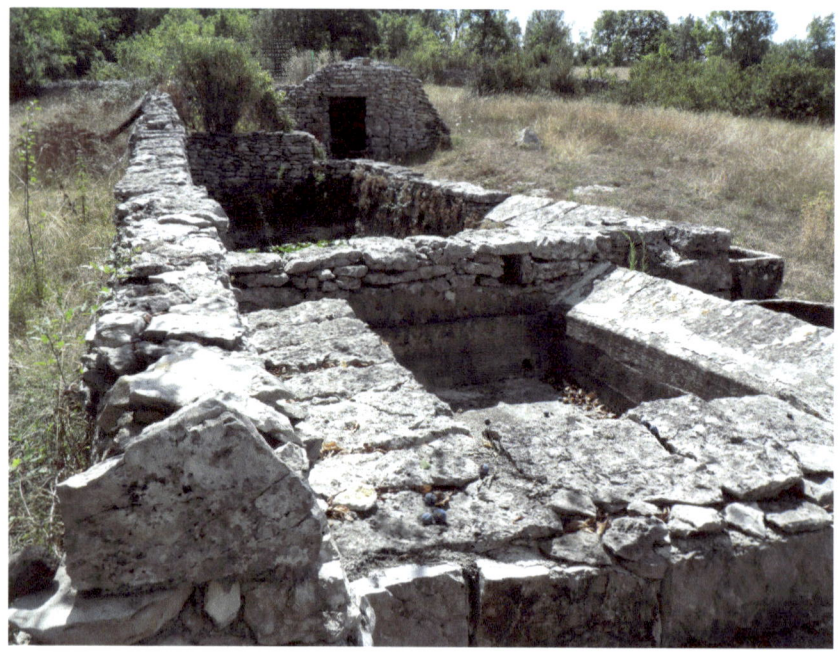

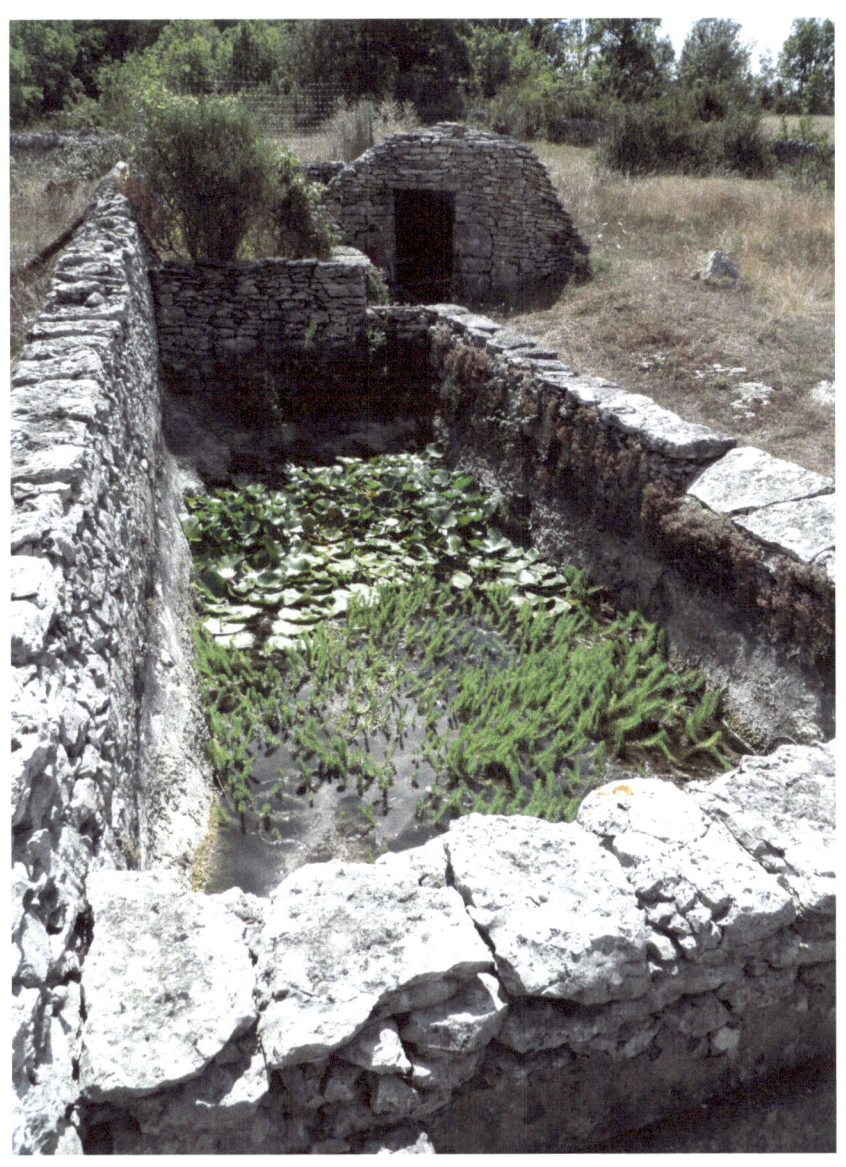

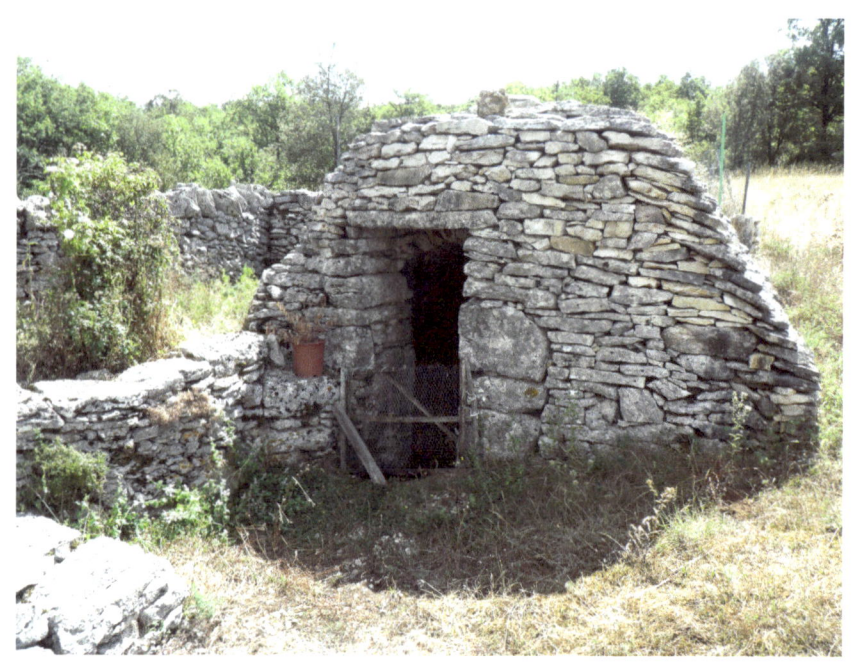

Demi tour et direction Cajarc "Plogne-Sauzet" puis Cajarc… et sur la droite prendre le chemin pédestre de la "source-grotte de la Caunhe"… pour découvrir un endroit qui invite au recueillement…

Regardez durant la descente la colline presque en face, et « la maison des anglais » au creux d'un rocher, d'où les protestants surveillaient la contrée.

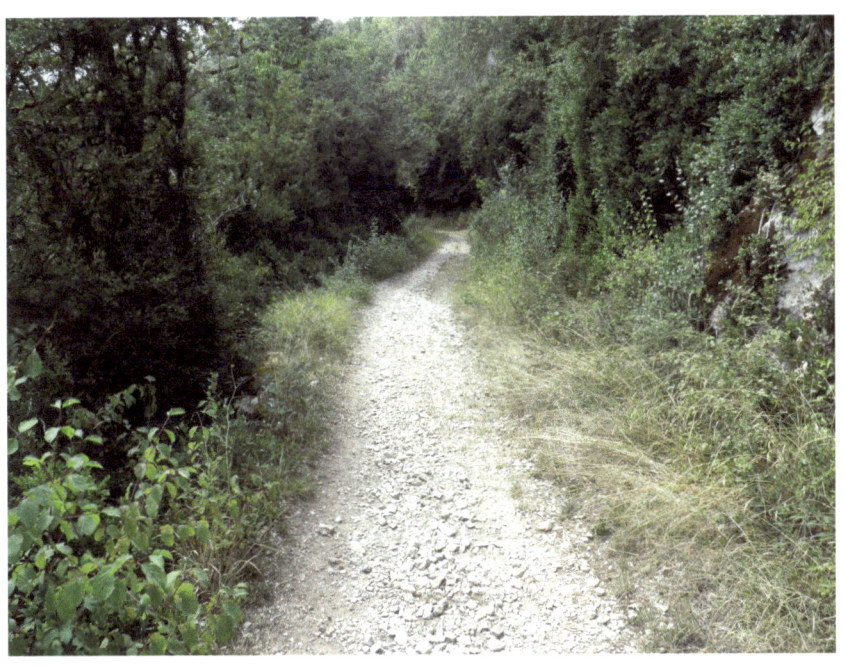

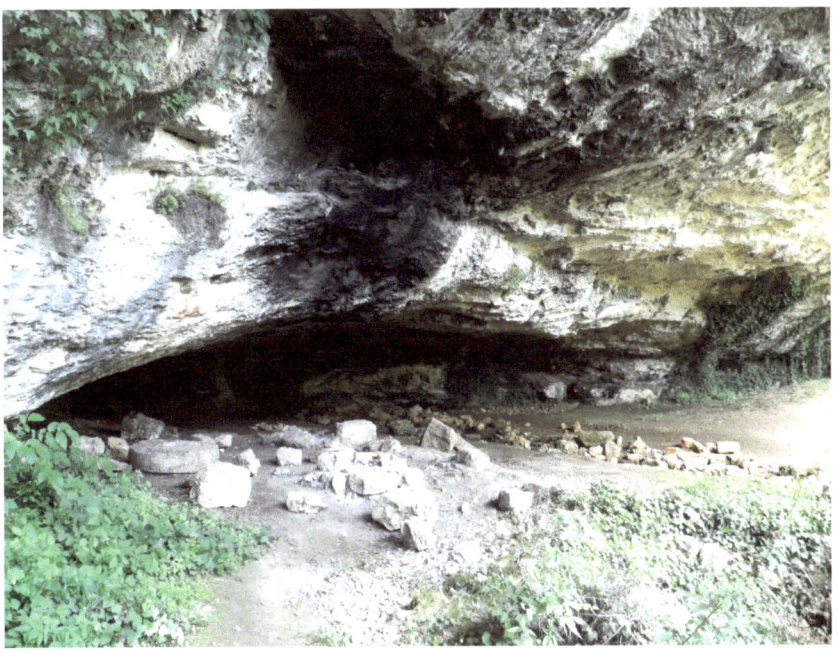

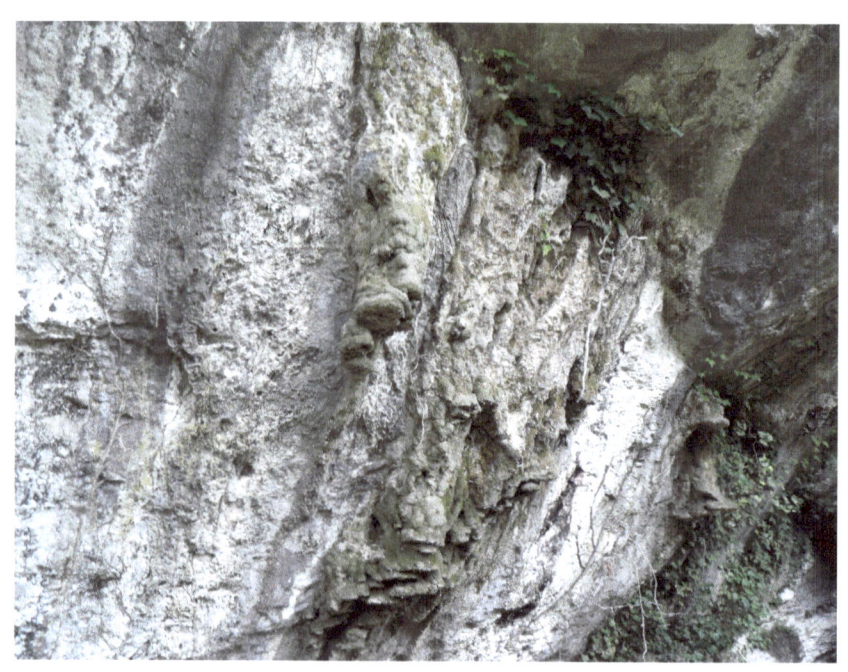

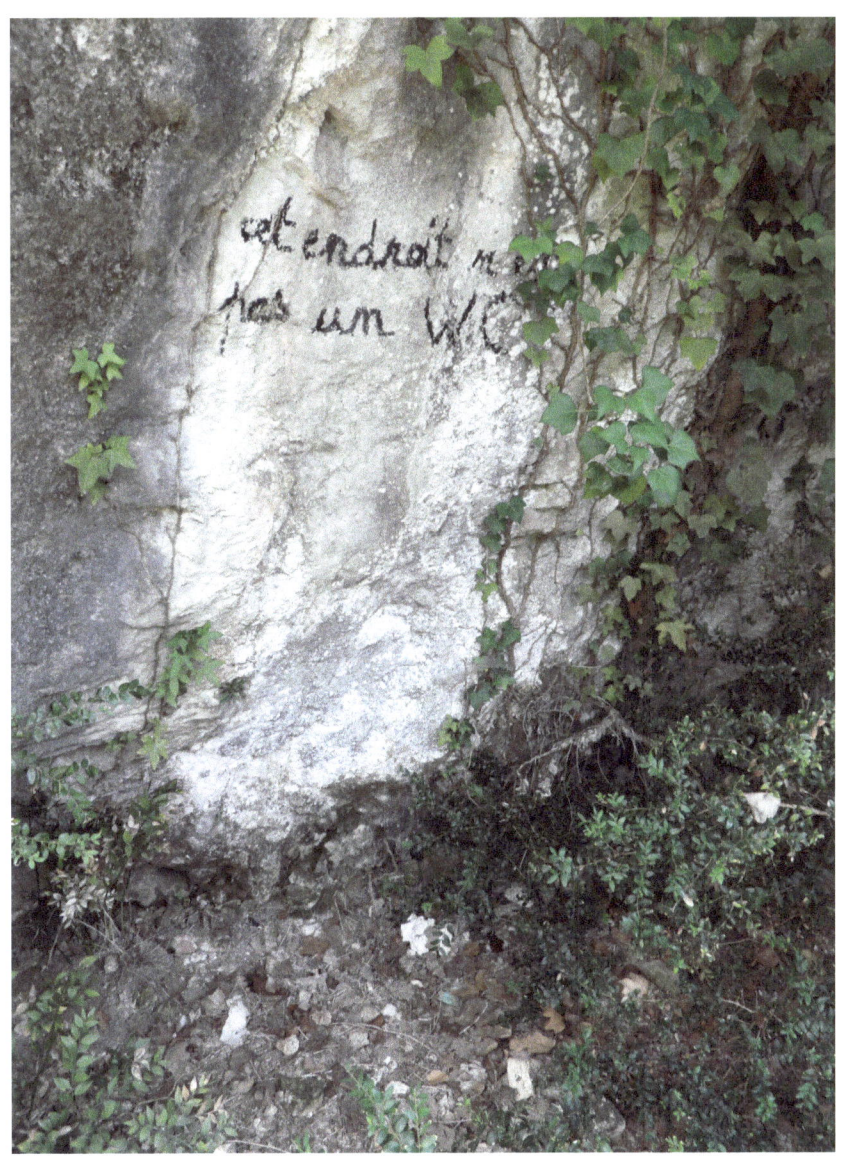

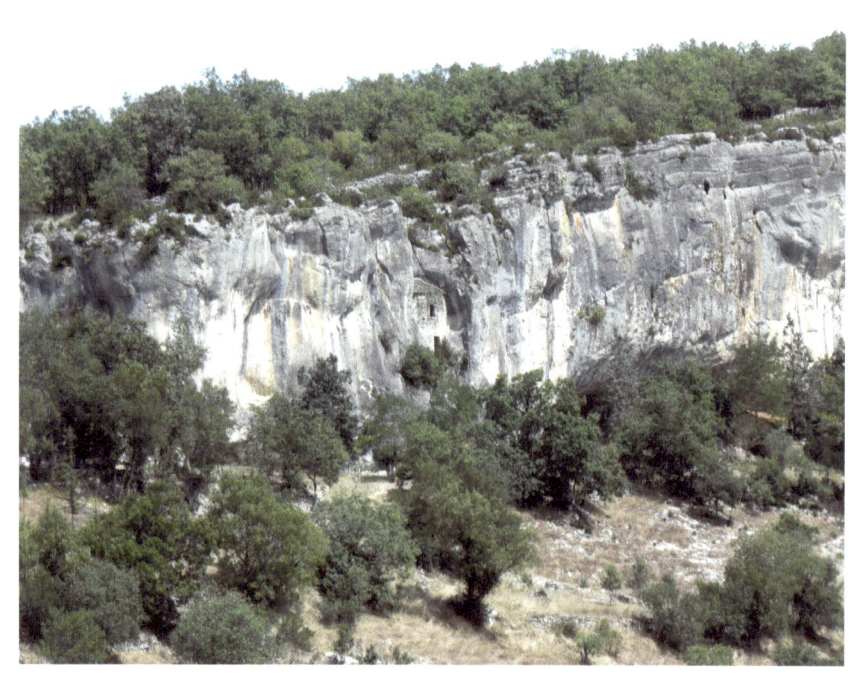

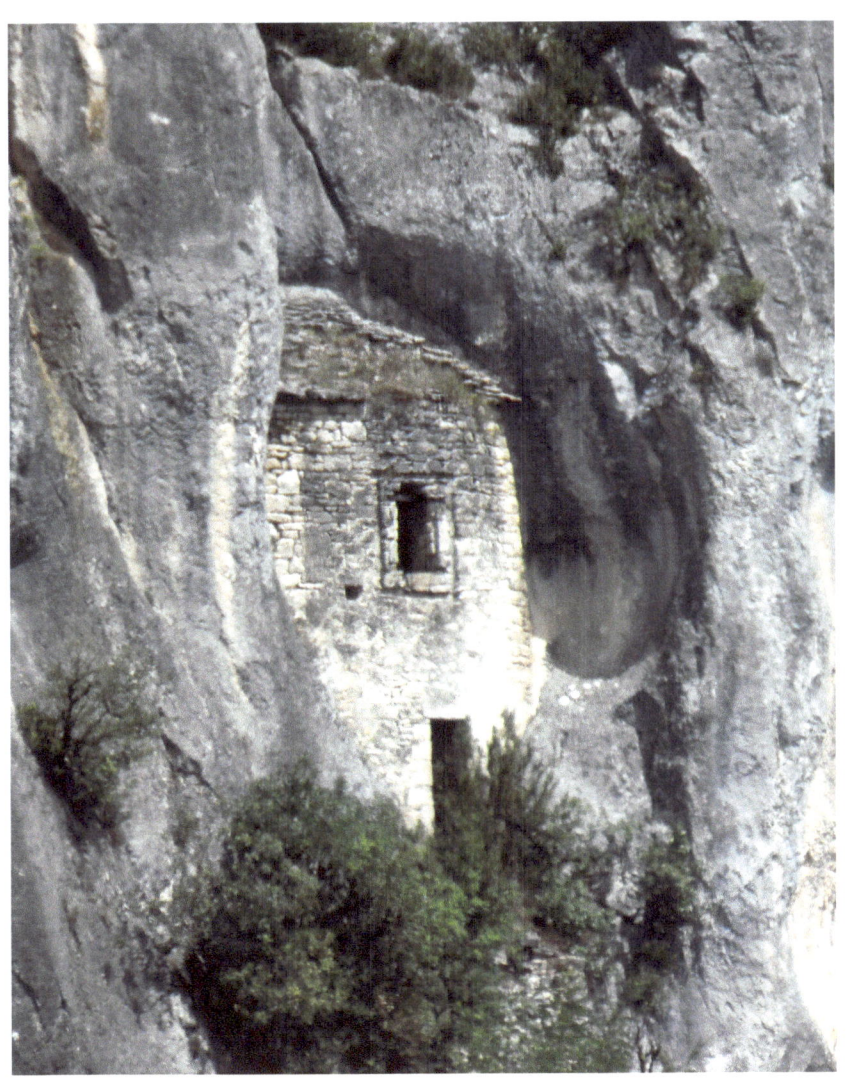

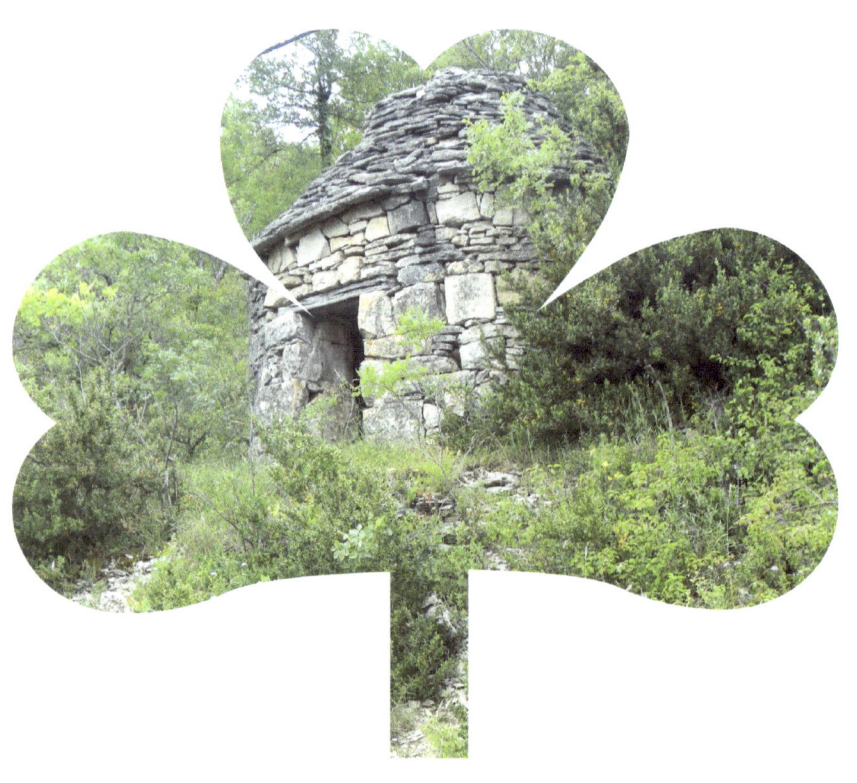

Gaillac hameau de Cajarc

Pont de Gaillac, sur le Lot. Puis vestige d'un ancien pont, du château et le village, avec un pigeonnier pied de mulet, un pigeonnier grenier...

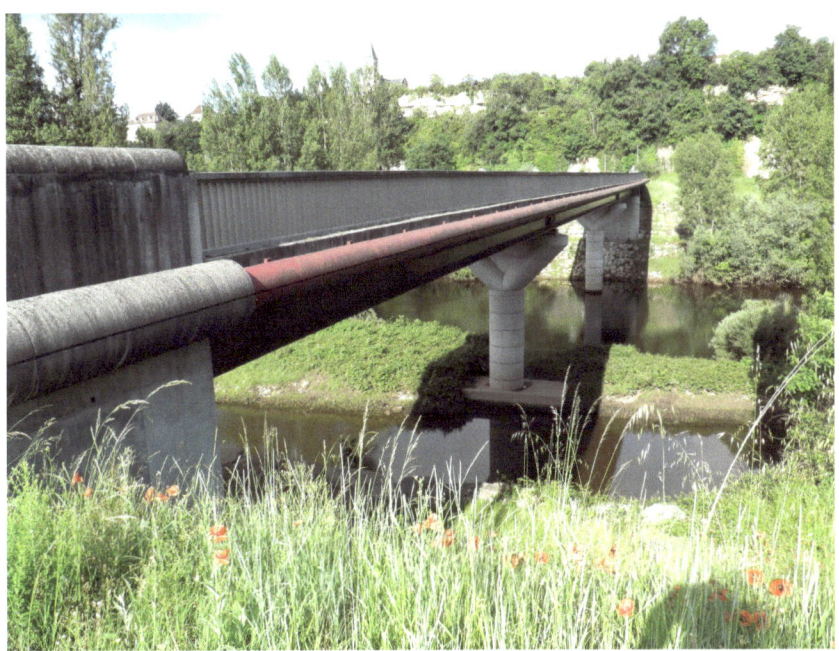

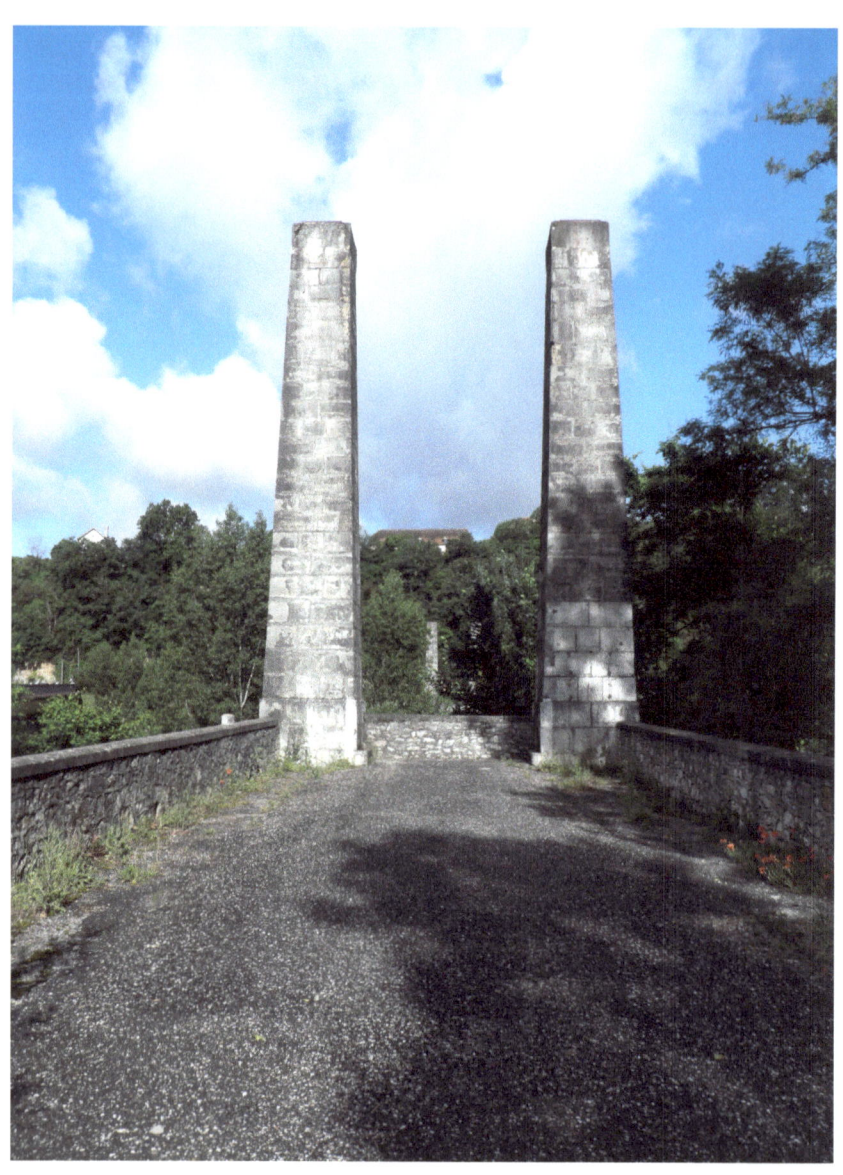

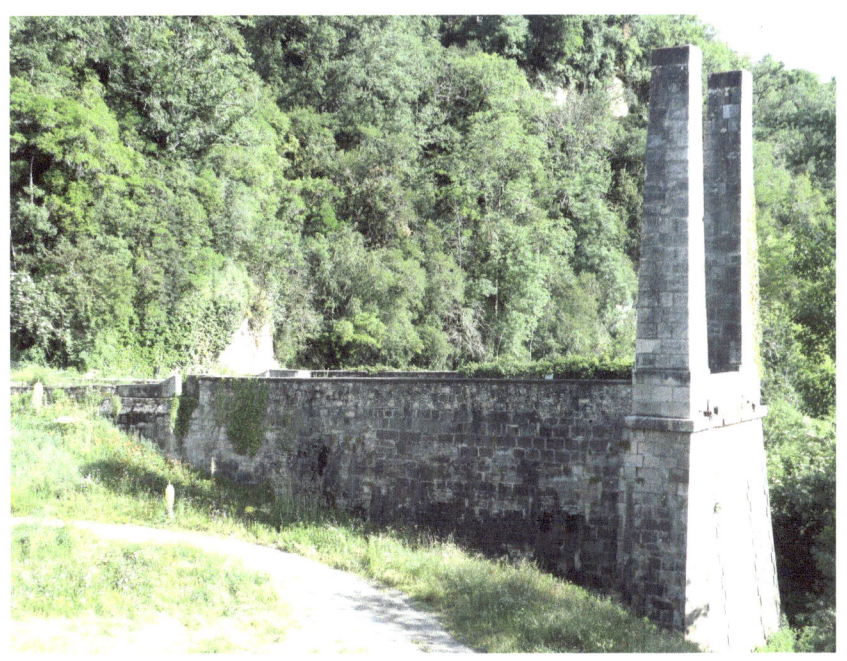

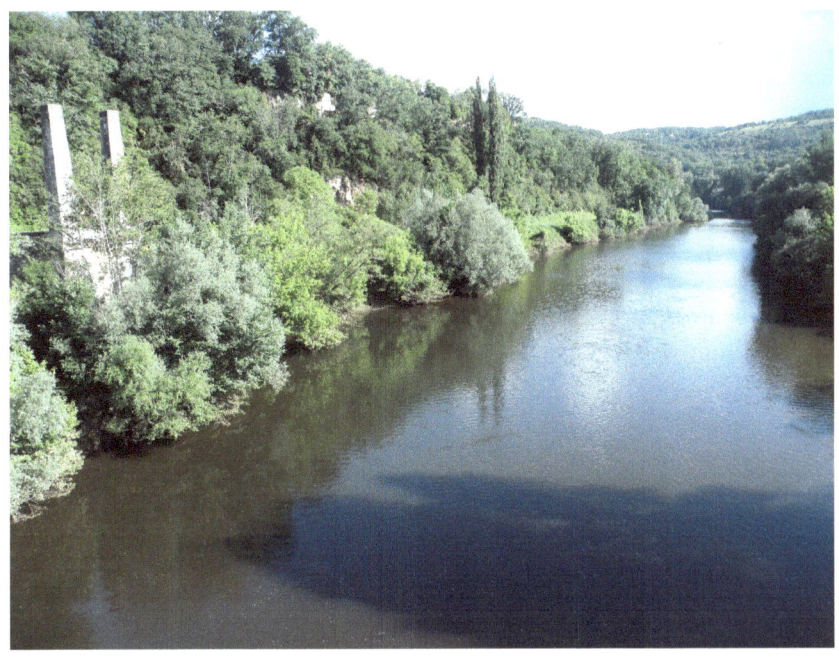

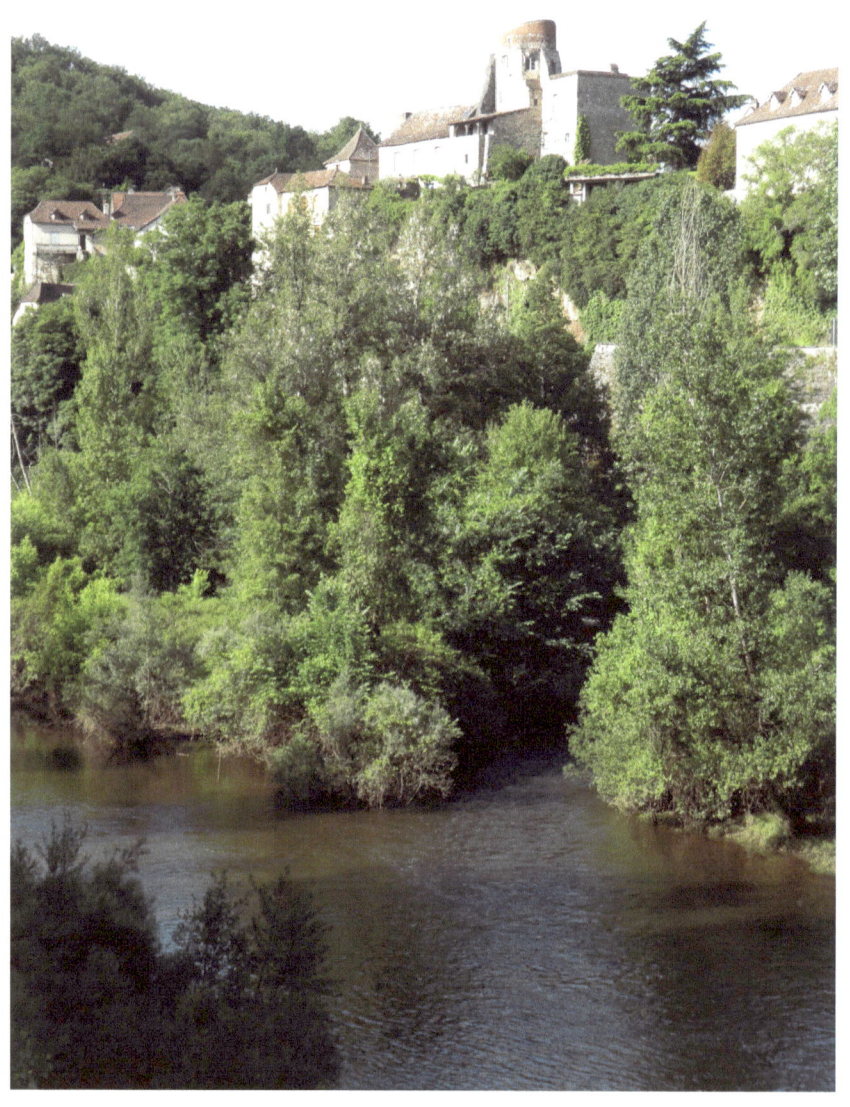

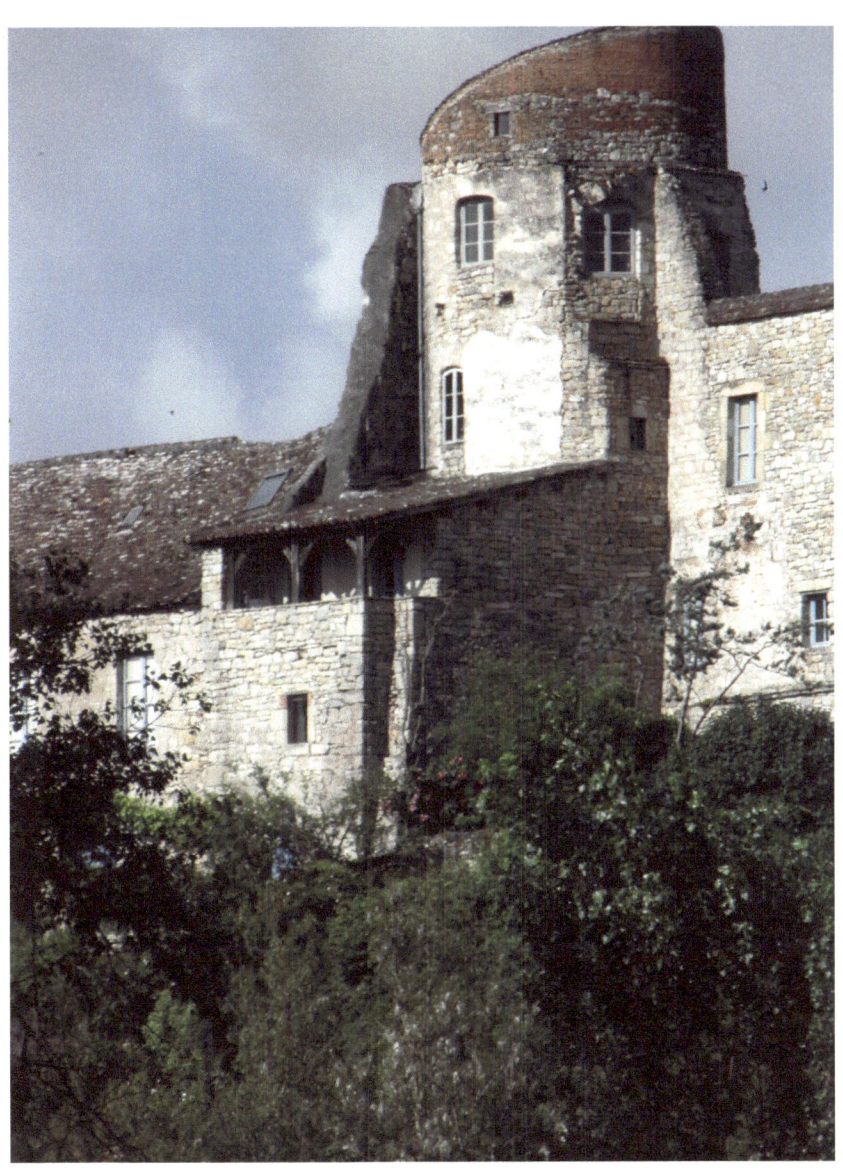

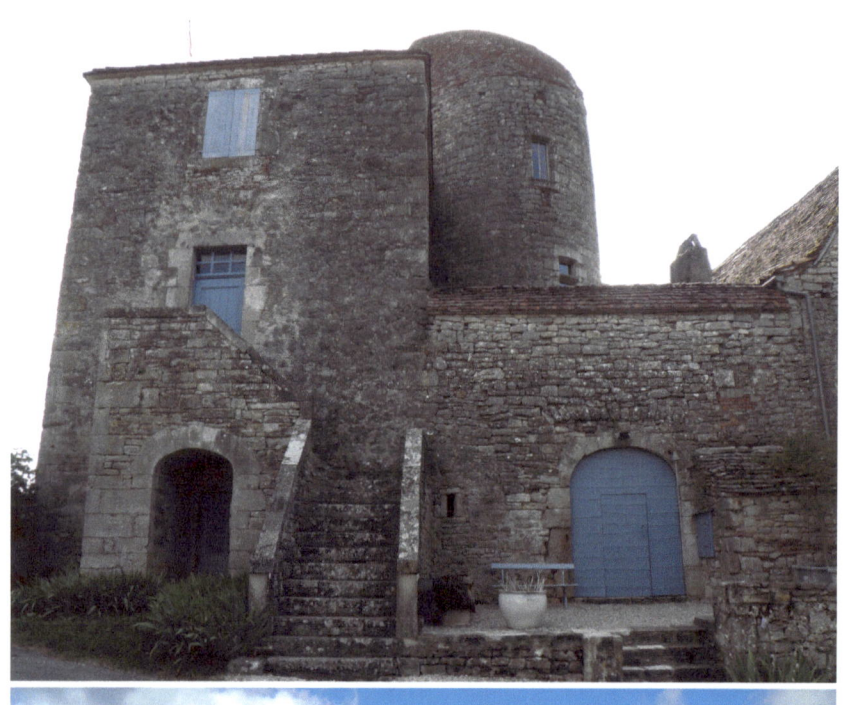
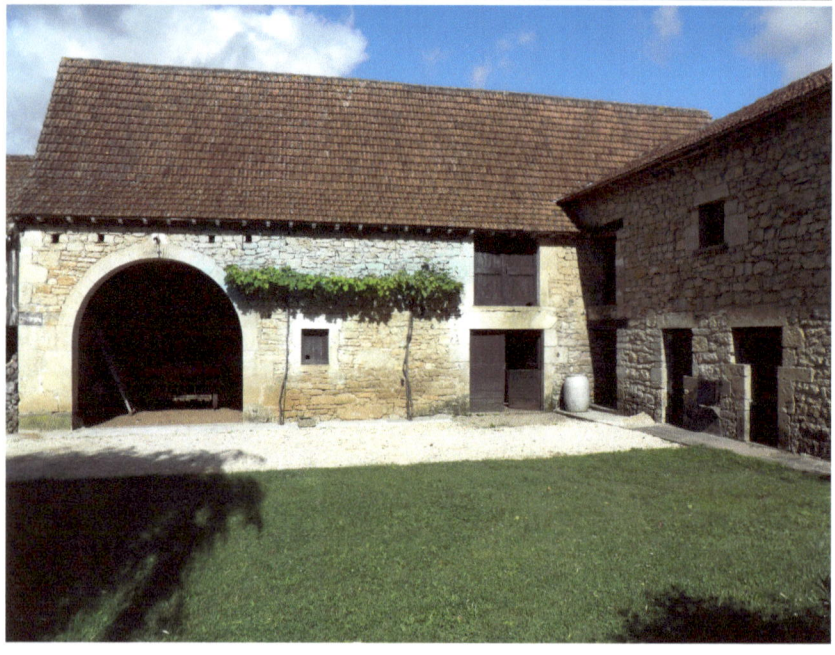

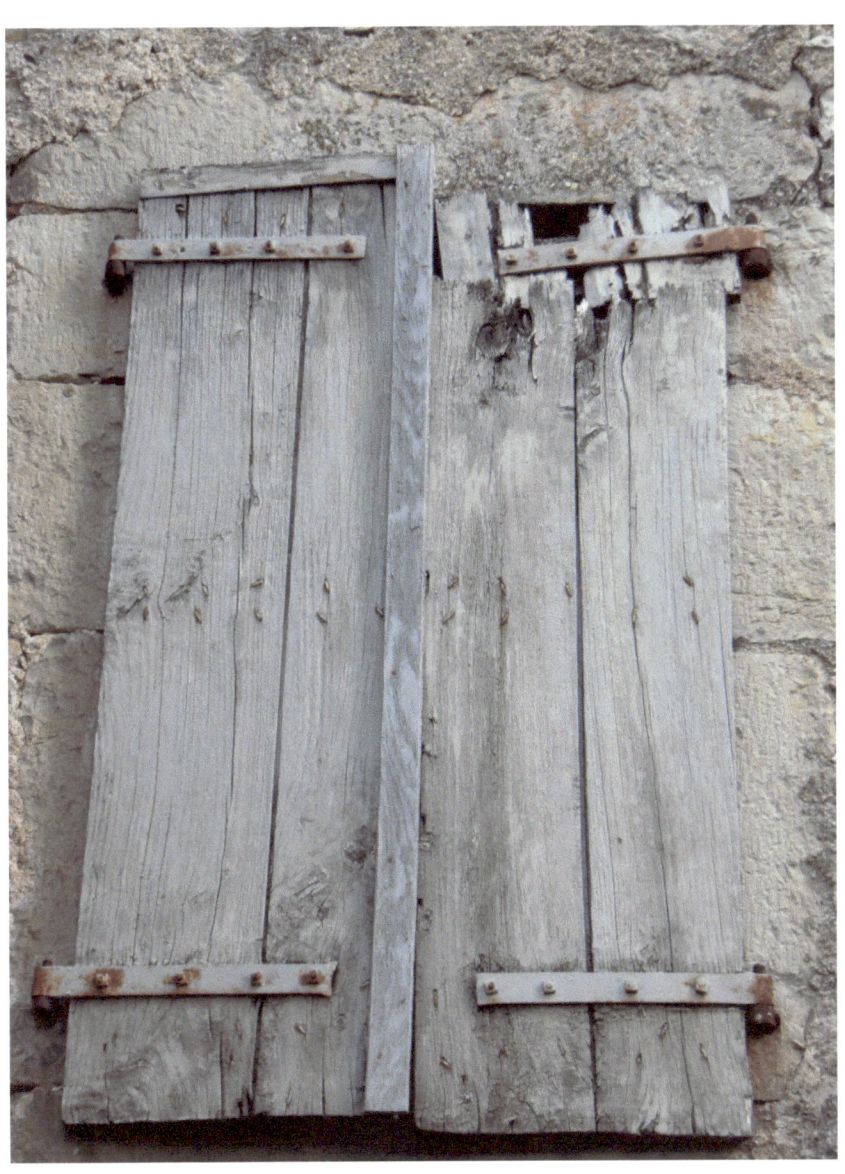

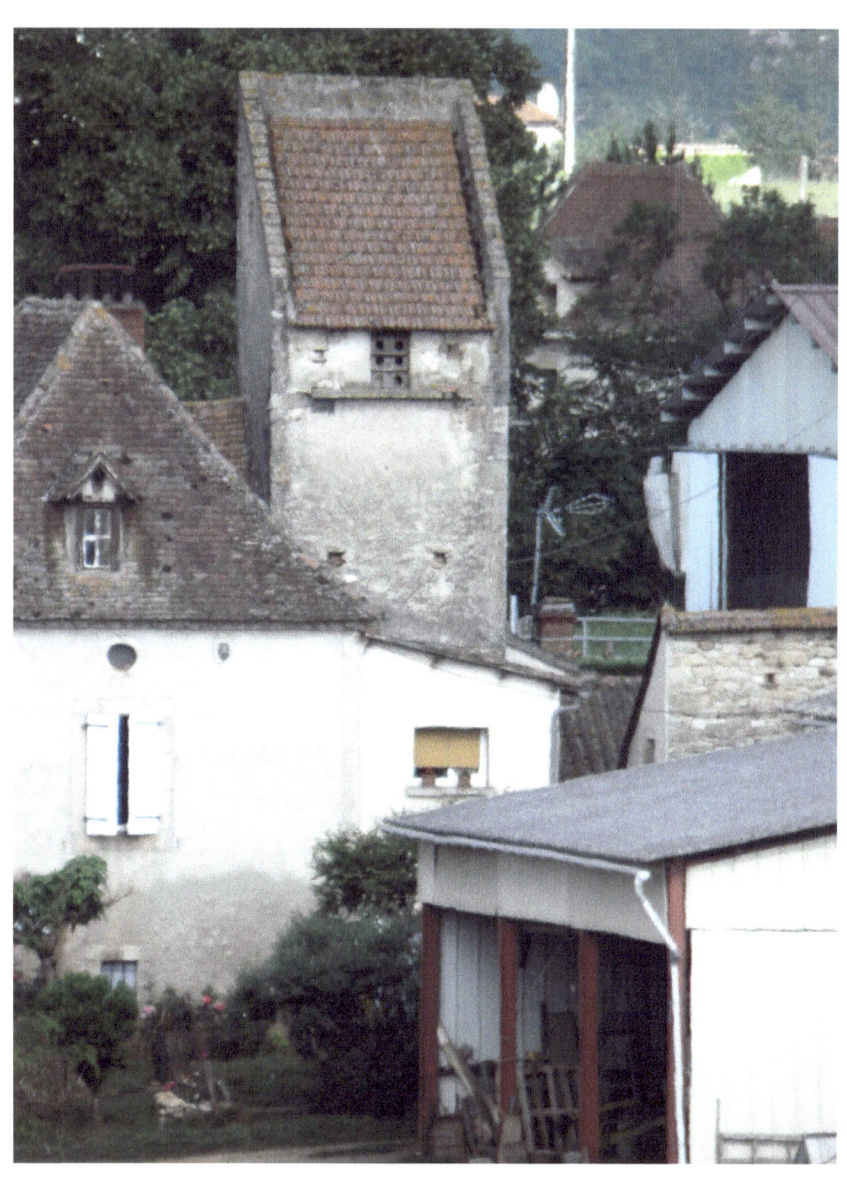

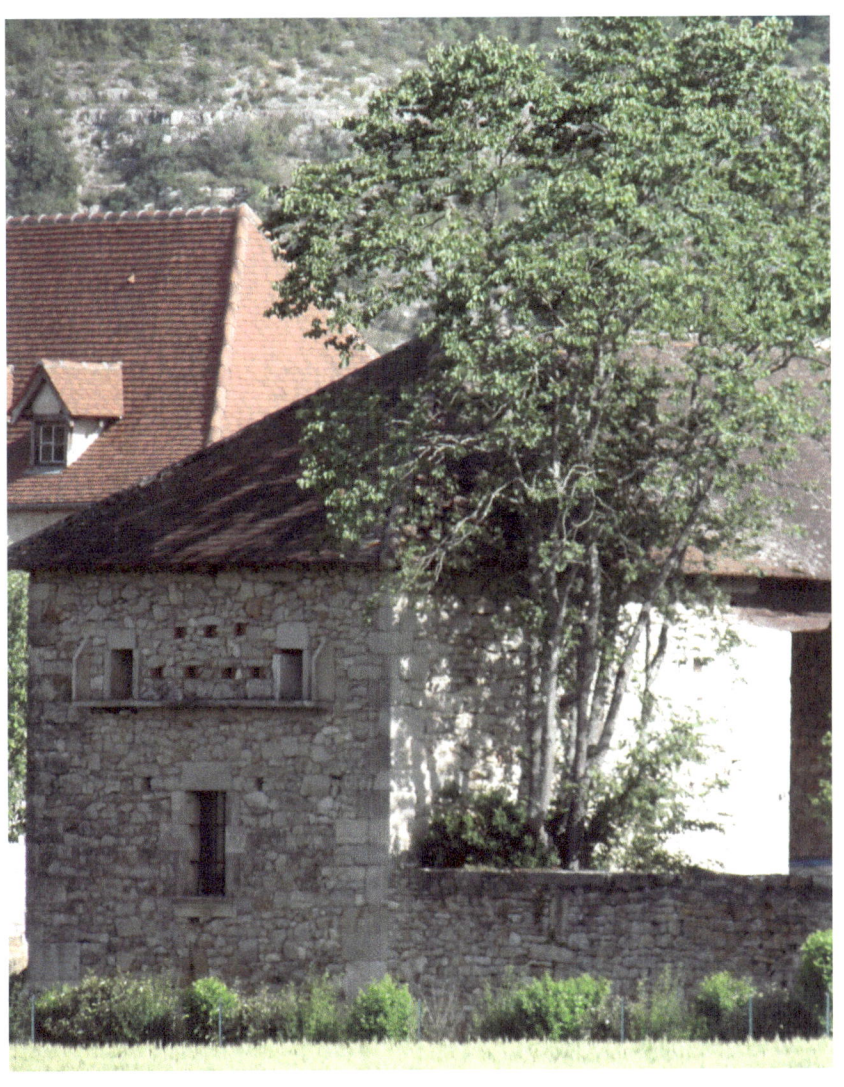

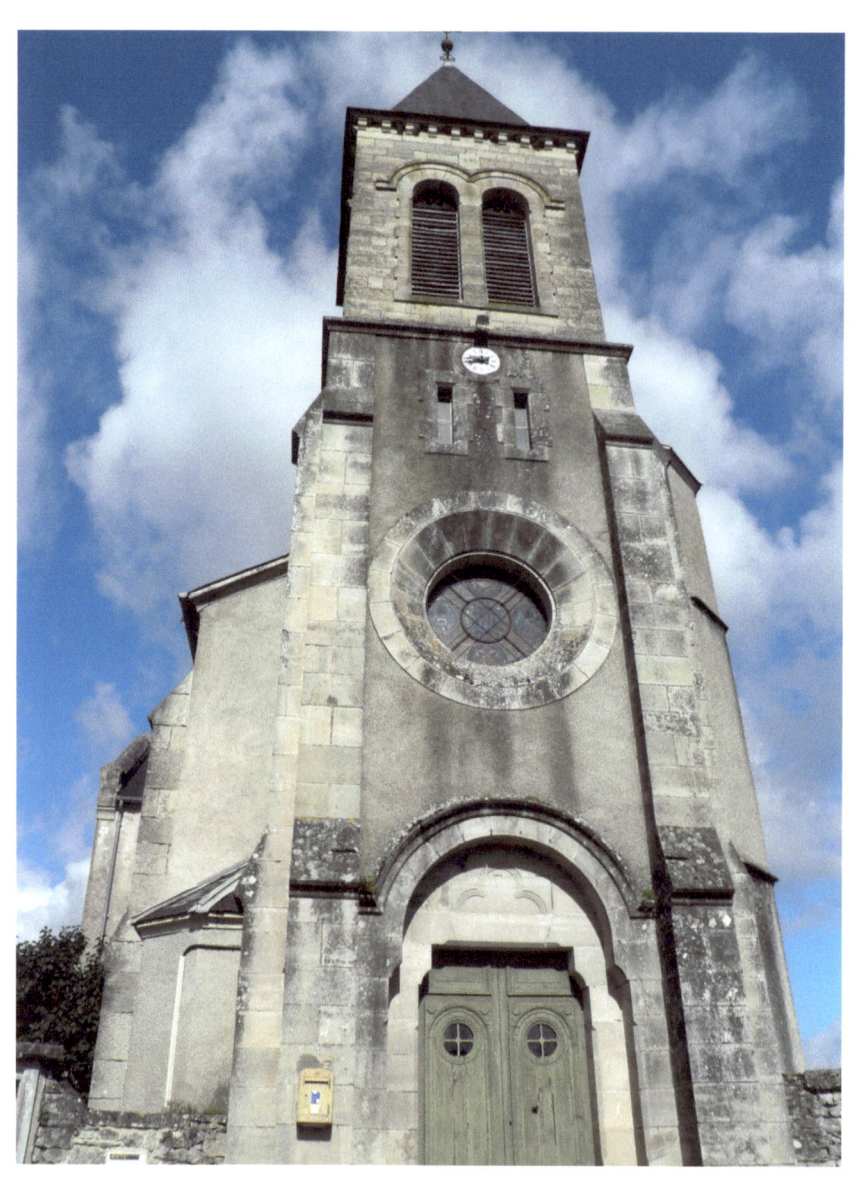

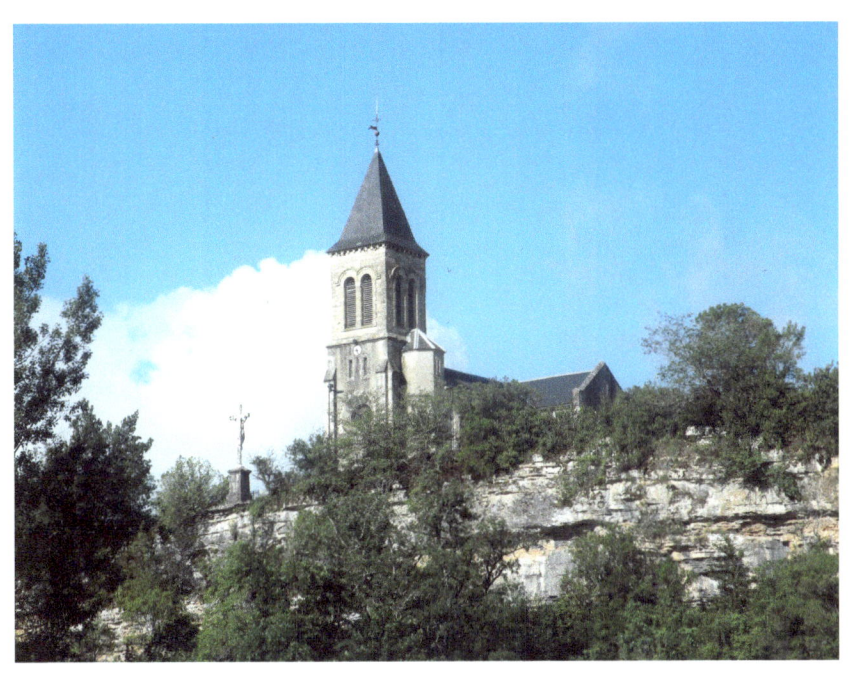

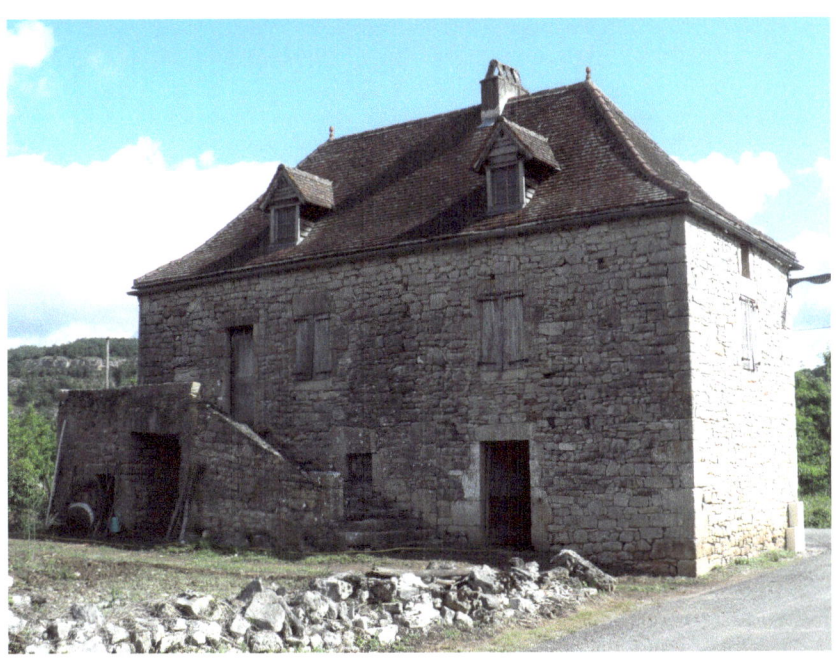

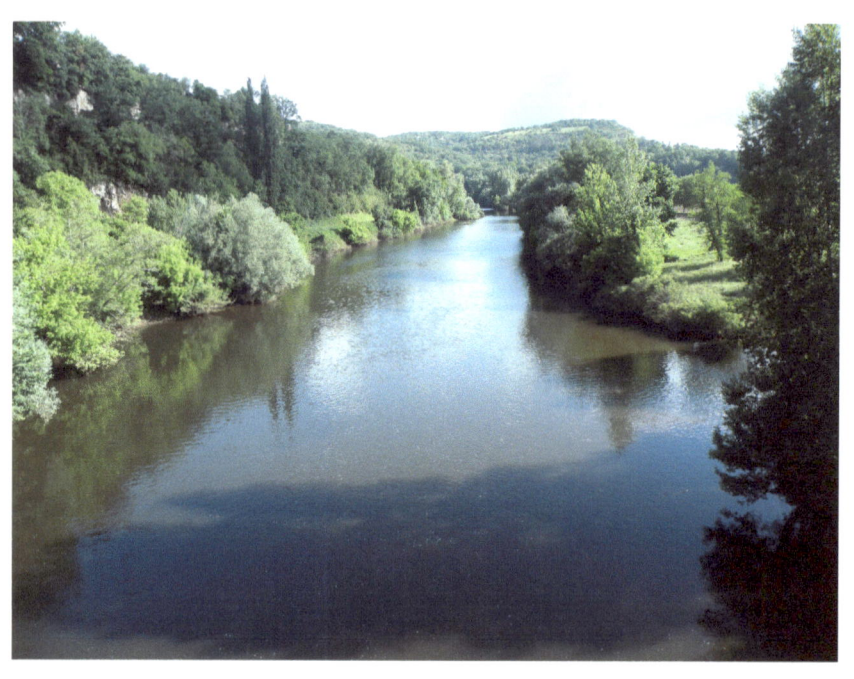

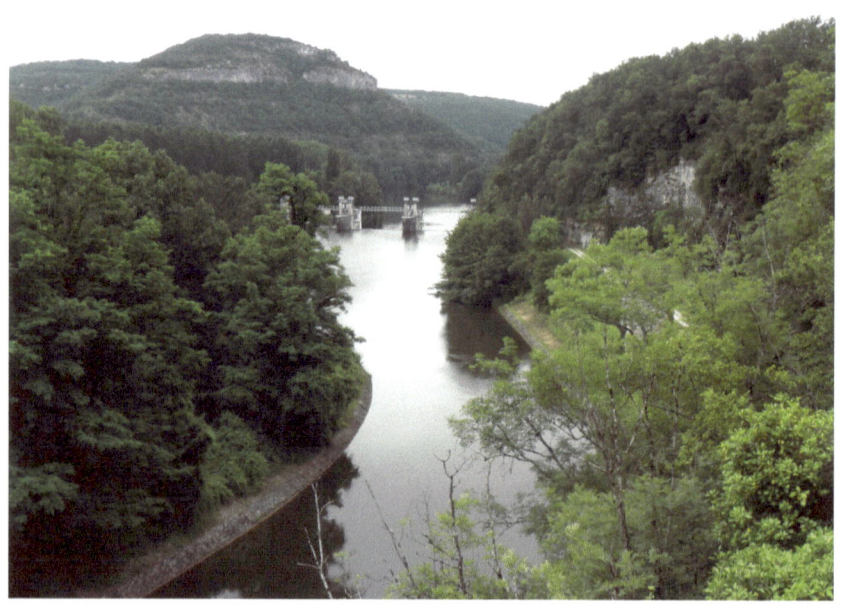

Commentaires

François Sagan y est née Françoise Quoirez, à Cajarc, le 21 Juin 1935, dans la maison désormais dite Quoirez, au 45 Boulevard du Tour de Ville.
En décembre 1962, Georges Pompidou y devint propriétaire d'une résidence secondaire. Hé oui, c'était déjà une région appréciée des riches, notables...
Quant à Coluche, il est désormais considéré comme le grand habitué du café local « *chez Moulino* », consacré en 1975 par son sketch « *le schmilblic* ».
Et moi, je suis simplement passé. Je laisse donc également une petite trace.
Nous laissons des traces.
Vous ajoutez "comme les chiens" ?!

Je suis passé discrètement. Bien que lotois depuis 1996, mes romans, pièces de théâtre, essais, textes de chansons y sont quasiment inconnus. Un jour, peut-être, des lectrices et lecteurs poseront ouvertement la question de cette anomalie...
Acquérir http://www.cajarc.info était donc logique...

La charte de qualité de l'auteur indépendant

Il n'est même pas besoin d'exhiber quelques textes inutiles auto-édités pour dénigrer l'auto-édition, pratique accusée de mettre sur le marché les pires médiocrités agrémentées des fautes les plus élémentaires d'orthographe ou grammaire, parfois même avec un style d'élève en difficulté du CM1.

Il s'avère néanmoins sûrement exact que les livres vraiment auto-édités dans une démarche professionnelle (mon exclusion de "l'auto-édition réelle" des auteurs qui ne respectent pas un minimum la littérature a toujours dérangé les prétendues belles âmes du secteur pour qui « tout est littérature ») contiennent en moyenne plus de fautes que les livres des éditeurs "traditionnels".

Il ne s'agit pas forcément d'une question de qualité des auteurs mais de moyens. Même le passage par les correcteurs et correctrices professionnels ne permet pas de présenter des œuvres sans erreurs, qu'avant on appelait d'imprimerie. Mais depuis que l'imprimeur reprend un document PDF pour lancer l'impression, les éditeurs qui utilisent encore cet argument semblent miser sur la méconnaissance du grand public.

Monsieur Antoine Gallimard n'a pourtant pas de leçons de qualité à nous donner : la communauté des pirates du livre numérique s'était amusée à corriger l'ebook d'Alexi Jenni, *l'art français de la guerre*, prix Goncourt 2011. Après l'hypothèse de l'utilisation du document PDF imprimeur, mouliné par un logiciel de reconnaissance graphique pour fabriquer la version numérique, des lecteurs de la version papier ont informé le web que ces coquilles se trouvaient également dans leur épais bouquin.

La faculté de corriger rapidement sur l'ensemble du circuit de distribution un ebook constitue un avantage dont la portée ne semble guère avoir été analysée. Dans cette optique, j'ai décidé de récompenser les lectrices et lecteurs qui ne se contentent pas d'une moue de déception face aux erreurs mais les communiquent, en leur offrant un livre de leur choix du catalogue, trois formats disponibles (epub, pdf, amazon). Pas de papier offert ! Seule restriction, pour une question de taille des fichiers et vitesse de connexion à Internet d'un écrivain vivant à la campagne, ne pourront être envoyés que des ebooks dont la taille n'excédera pas cinq mégas, ce qui exclut les livres de photos (sauf ceux dont le PDF reste juste en dessous de la limite possible).

Naturellement, il ne vous faut pas réclamer ce livre ni envoyer les fautes constatées (réelles ! et non les choix comme mettre au pluriel un terme habituellement invariable ou reprendre une lettre d'un personnage dont les fautes d'orthographe constituent justement une caractéristique, ou même une libre violation des temps conseillés de conjugaison !) sur la plateforme d'achat mais à la page contact de www.ecrivain.pro en spécifiant le livre de votre choix, qui vous sera envoyé par mail après vérification des informations transmises.

Fautes réelles découvertes : un livre offert, l'engagement qualité de l'auto-édition.

Cette offre s'étend à l'ensemble de mon catalogue.

Le photographe écrivain en 2013

Romancier, auteur de chansons, essayiste, dramaturge.
http://www.utopie.pro présente les livres (papier et numérique) et CDs (ès auteur, chanté par une trentaine d'interprètes) essentiels. En 2013, je considère le sixième roman comme mon texte le plus important. L'Histoire validera cette conviction ?

Le sixième roman

Le roman de la révolution numérique

également présenté sous le titre

Un Amour béton

Sous le titre « *le sixième roman* », un long extrait gratuit de « *un Amour béton* » essaye d'obtenir un peu de visibilité sur Amazon, Itunes, La Fnac, Samsung Readers, Cultura, Chapitre, Kobo, Bookeen, iBookstore...

Ce roman perpétue mon engagement d'indépendance et comme les précédents n'a pas bénéficié du soutien des grands médias. Comme le déclara Alain Beuve-Méry, le petit-fils du fondateur du *Monde* où il couvre l'édition. « *Tout dépend de la maison d'édition dans laquelle vous êtes édité, et du travail fait en amont par les attachés de presse auprès des journalistes et des jurés littéraires.* » Dans ce même quotidien influent, Baptiste-Marrey écrivait « *les grands groupes publient, distribuent, vendent et font commenter favorablement les titres qu'ils produisent. »*

Vous proposer en lecture gratuite une grande partie du roman, c'est essayer d'obtenir un peu de visibilité. Etre éditeur indépendant en France, en 2013, reste très difficile. Les politiques (d'Aurélie Filippetti à Martin Malvy en passant par les autres) soutiennent les installés.

"*Un Amour béton*" : en acceptant le rôle peu glorieux du nègre de Kader Terns, le « *météorite du livre numérique, disparu dans d'affreuses circonstances* », je ne pouvais imaginer entrer dans la partie la plus mouvementée de ma vie...

Contrairement aux affirmations de leur inféodée devenue Ministre de la Culture, les éditeurs ne font pas la littérature mais du commerce. Avec le soutien des politiques (qu'ils éditent) et d'écrivains bien nourris, ils ont installé un système où tout indépendant est invisible. La révolution numérique constitue une possibilité historique de briser notre exploitation. L'indépendance est possible, elle est combattue...

Présentation

Kader Terns, le « *météorite du livre numérique, disparu dans d'affreuses circonstances.* » Un journaliste lotois osa même « *en découvrant un paradis insoupçonné, le charme sauvage et pittoresque de nos coteaux du Quercy, l'inclassable auteur du 9-3 ignorait les dangers du béton, qui guettent tout néo-rural souhaitant restaurer l'une de nos belles demeures abandonnées.* »

Vos médias s'en délecteront bientôt : Kader fut broyé, son assassin présumé s'est suicidé, sa complice potentielle clame son innocence derrière les barreaux et moi, qui devais tenir le rôle peu glorieux du nègre de l'autobiographie du « jeune et talentueux écrivain choc de l'année 2011 », j'hésite à la croire tout en redoutant de rapidement me retrouver soupçonné...

Dois-je laisser "éclater l'affaire" ou puis-je raconter comme j'en avais l'intention quand la version de l'accident me sembla aussi stupide qu'évidente ?

Mais tout ceci, c'était avant. Avant que tout s'accélère et m'aspire dans le tourbillon...

Le sujet

Un roman policier, un roman d'amour, ce « *un Amour béton* » ?

Certes une intrigue policière, des morts, des meurtres, de la vengeance, des femmes, des hommes, des couples, des amants, des trahisons, Aubervilliers, le Quercy. Mais il s'agit d'un « véritable roman littéraire », bien plus exigeant que les textes habituellement classés en « romans policiers », qui plus est depuis la déferlante numérique...

Donc un roman susceptible d'intéresser un large public ou rester invisible faute de réel ancrage dans

un genre précis ! Mon sixième roman, ès qualité d'écrivain toujours inconnu du grand public, indépendant par convictions depuis 1991.
Quatre ans après "*ils ne sont pas intervenus*", repéré en numérique sous le titre "*peut-être un roman autobiographique.*"

Vie, gloire et disparition d'un OVNI de la littérature française, Kader Terns.
Il faut l'oser, le terme "littérature", dans son cas. Mais il fut tellement employé ! Littérature numérique, postmoderne, brute, d'après le roman, de banlieue, de tablettes, décomposée, rappée, bloguée, néo-impressionniste, irrésumable, dans toute sa cruauté...

Après son "incroyable succès", le petit caïd du 9-3 était descendu dans le Lot pour m'y rencontrer. Je devais rédiger ses mémoires, statut peu glorieux du nègre. Il faut bien bouffer ! Surtout quand on vit avec une femme qui se croit obligée d'envoyer cinq cents euros par mois à Djibouti. "*Comment je avoir été meilleure vente Amazon Kindle*", il tenait absolument à ce titre.
Ni lui ni moi, lors de cet entretien banal et bâclé, n'aurions pu imaginer que nos vieilles pierres, nos sentiers et notre calme s'incrustaient en lui au point qu'il revienne y restaurer une ruine. Nadège, il l'avait piégée, elle l'a suivi...

Je n'ai rien d'un enquêteur et c'est uniquement par sentiment de vengeance (peu honorable, oui, d'accord...) si j'ai cherché une sombre histoire derrière un stupide accident.

Nadège et le fils de Carlo ont avoué. Quand débutera le "grand procès", les médias se jetteront sur l'affaire, qu'ils ignorent totalement. Pauvre Kader, déjà oublié, forcément remplacé. "*Il a suscité de nombreuses vocations...*"
C'est tellement inattendu, insoupçonnable. Pas une fuite, même dans leur *Dépêche du Midi*. Eu égard à mon décisif apport, l'inspecteur se croit tenu de m'informer, naturellement en off. Peut-être uniquement car sa résidence secondaire n'est qu'à douze kilomètres. Si je laissais tranquillement faire, j'aurais sûrement droit à une légion d'honneur, avec au moins Christiane Taubira à Montcuq, peut-être même François Hollande. L'état, même socialiste, a besoin de héros ! Surtout dans le sud-ouest ! Ils sont tous tellement impressionnés par mon sens de la justice... je n'allais quand même pas leur raconter comment Carlo a bousillé mes dernières illusions d'Amour en 2010...

Machine judiciaire et univers médiatique m'en voudront sûrement de les devancer, en balançant les clés qu'ils auraient pris tellement de plaisir à dévoiler au compte-gouttes. Je suis écrivain. Qui plus est j'ai besoin d'écrire, après deux années de blocages, en lecture comme écriture. J'ai besoin de publier, faute d'une bourse d'écriture de la région. À chacun son boulot, son exutoire, son combat. Je suis sûrement plus doué pour raconter ma vie que pour la vivre... Un Amour béton... Lequel ? Amina et moi ? Nadège et Kader ? 19 jours Nadège et moi avons également pensé posséder la formule magique...

Enfin, c'est ce que j'ai cru, à un moment, encore récemment, quand ce récit était quasiment achevé. Mais tout va si vite, parfois.

Il faudrait tout raturer ? Tout réécrire à chaque fois que la vie rééclaire le passé ? Comme les autres, je me suis laissé emporter...

Stéphane Ternoise
http://www.romancier.org

Stéphane Ternoise est né en 1968. Il publie depuis 1991. Il est depuis son premier livre éditeur indépendant.

Dès 2004, il a proposé des livres numériques, en PDF. Mais c'est en 2011 seulement que les ventes dématérialisées ont démarré. Son catalogue numérique (depuis mi 2011 distribué par Immateriel) a ainsi rapidement dépassé celui du papier, grâce à des essais, des livres de photos… tout en continuant la lente écriture dans les domaines du théâtre et du roman. Depuis octobre 2013, et son « identifiant fiscal aux États-Unis », son catalogue papier tend à rattraper celui en pixels.
http://www.livrepapier.com ou
http://www.livrepixels.com

Il convient donc de nouveau d'aborder l'auteur sous le biais de l'œuvre. Ainsi, pour vous y retrouver, http://www.ecrivain.pro essaye de fournir une vue globale. Et chaque domaine bénéficie de sites au nom approprié :
http://www.romancier.net
http://www.dramaturge.net
http://www.essayiste.net

http://www.lotois.fr

Vous pouvez légitimement vous demander pourquoi un auteur avec un tel catalogue ne bénéficie d'aucune visibilité dans les médias traditionnels. L'écriture est une chose, se faire des amis utiles une autre !

Catalogue (le plus souvent en papier et numérique, parfois uniquement les pixels, le travail de mise en page papier demandant plus de temps que d'heures disponibles)

Romans : (http://www.romancier.net)
Ils ne sont pas intervenus (le livre des conséquences) également en version numérique sous le titre Peut-être un roman autobiographique
La Faute à Souchon ? *également en version numérique sous le titre* Le roman du show-biz et de la sagesse (Même les dolmens se brisent)
Liberté, j'ignorais tant de Toi également en version numérique sous le titre Libertés d'avant l'an 2000)
Viré, viré, viré, même viré du Rmi
Quand les familles sans toit sont entrées dans les maisons fermées

Théâtre : (http://www.theatre.wf)
Théâtre peut-être complet
La baguette magique et les philosophes
Quatre ou cinq femmes attendent la star
Avant les élections présidentielles
Les secrets de maître Pierre, notaire de campagne
Deux sœurs et un contrôle fiscal
Ça magouille aux assurances
Pourquoi est-il venu ?
Amour, sud et chansons
Blaise Pascal serait webmaster
Aventures d'écrivains régionaux
Trois femmes et un amour
La fille aux 200 doudous et autres pièces de théâtre pour enfants
« Révélations » sur « les apparitions d'Astaffort » Jacques Brel / Francis Cabrel (les secrets de la grotte Mariette)

Théâtre 7 femmes 7 comédiennes - Deux pièces contemporaines
Théâtre pour femmes
Pièces de théâtre pour 8 femmes
Onze femmes et la star

Photos : (http://www.france.wf)
Montcuq, le village lotois
Cahors, des pierres et des hommes. Photos et commentaires
Limogne-en-Quercy Calvignac la route des dolmens et gariottes
Saint-Cirq-Lapopie, le plus beau village de France ?
Saillac village du Lot
Limogne-en-Quercy cinq monuments historiques cinq dolmens
Beauregard, Dolmens Gariottes Château de Marsa et autres merveilles lotoises
Villeneuve-sur-Lot, des monuments historiques, un salon du livre... -Photos, histoires et opinions
Henri Martin du musée Henri-Martin de Cahors - Avec visite de Labastide-du-Vert et Saint-Cirq-Lapopie sur les traces du peintre
L'église romane de Rouillac à Montcuq et sa voisine oubliée, à découvrir - Les fresques de Rouillac, Touffailles et Saint-Félix

Livres d'artiste (http://www.quercy.pro)
Quercy : l'harmonie du hasard - Livre d'artiste 100% numérique

Essais : (http://www.essayiste.net)
Le manifeste de l'auto-édition - Manifeste politico-littéraire pour la reconnaissance des écrivains indépendants et une saine concurrence entre les différentes formes d'édition

Écrivains, réveillez-vous ? - La loi 2012-287 du 1er mars 2012 et autres somnifères
Le livre numérique, fils de l'auto-édition
Aurélie Filippetti, Antoine Gallimard et les subventions contre l'auto-édition - Les coulisses de l'édition française révélées aux lectrices, lecteurs et jeunes écrivains
Le guide de l'auto-édition numérique en France
 (Publier et vendre des ebooks en autopublication)
Réponses à monsieur Frédéric Beigbeder au sujet du Livre Numérique (Écrivains= moutons tondus ?)
Comment devenir écrivain ? Être écrivain ?
(Écrire est-ce un vrai métier ? Une vocation ? Quelle formation ?...)
Amour - état du sentiment et perspectives
Ebook de l'Amour
Copie privée, droit de prêt en bibliothèque : vous payez, nous ne touchons pas un centime - Quand la France organise la marginalisation des écrivains indépendants

Chansons : (http://www.parolier.info)
Chansons trop éloignées des normes industrielles
Chansons vertes et autres textes engagés
Chansons d'avant l'an 2000
Parodies de chansons
 De Renaud à Cabrel En passant par Cloclo et Jacques Brel

En chti : (http://www.chti.es)
Canchons et cafougnettes (Ternoise chti)
Elle tiote aux deux chints doudous (théâtre)

Politique : (http://www.commentaire.info)
Ce François Hollande qui peut encore gagner le 6 mai 2012 ne le mérite pas (Un Parti Socialiste non réformé au pays du quinquennat déplorable de Nicolas Sarkozy)

Nicolas Sarkozy : sketchs et Parodies de chansons
Bernadette et Jacques Chirac vus du Lot - Chansons théâtre textes lotois
Affaire Ségolène Royal - Olivier Falorni Ce qu'il faut en retenir pour l'Histoire - Un écrivain engagé, un observateur indépendant
François Fillon, persuadé qu'il aurait battu François Hollande en 2012, qu'il le battra en 2017 (?)

Notre vie (http://www.morts.info)
La trahison des morts : les concessions à perpétuité discrètement récupérées - Cahors, à l'ombre des remparts médiévaux, les vieux morts doivent laisser la place aux jeunes…
Cahors : Adèle et Marie Borie contre Jean-Marc Vayssouze-Faure - Appel à une mobilisation locale et nationale pour sauver les soeurs Borie…

Jeux de société
http://www.lejeudespistescyclables.com
La France des pistes cyclables - Fabriquer un jeu de société pour enfants de 8 à 108 ans

Autres :
La disparition du père Noël et autres contes
J'écris aussi des sketchs
Vive les poules municipales… et les poulets municipaux - Réduire le volume des déchets alimentaires et manger des oeufs de qualité

Œuvres traduites :

La fille aux 200 doudous :
- *The Teddy (Bear) Whisperer* (Kate-Marie Glover) - Das Mädchen mit den 200 Schmusetieren (Jeanne Meurtin)
- Le lion l'autruche et le renard :
- How the fox got his cunning (Kate-Marie Glover)

- Mertilou prépare l'été :
- The Blackbird's Secret (Kate-Marie Glover)

- *La fille aux 200 doudous et autres pièces de théâtre pour enfants (les 6 pièces)*
- La niña de los 200 peluches y otras obras de teatro para niños (María del Carmen Pulido Cortijo)

Table

7   Présentation

9   Reportage...

25   Le centre

69   Le dolmen du Mas de Tardieu

83   La capelette de Cajarc

89   Route des cazelles gariottes cabanes

115 Gaillac hameau de Cajarc

127 Commentaires

128 La charte de qualité de l'auteur indépendant

130 Le photographe écrivain en 2013

144 Mentions légales

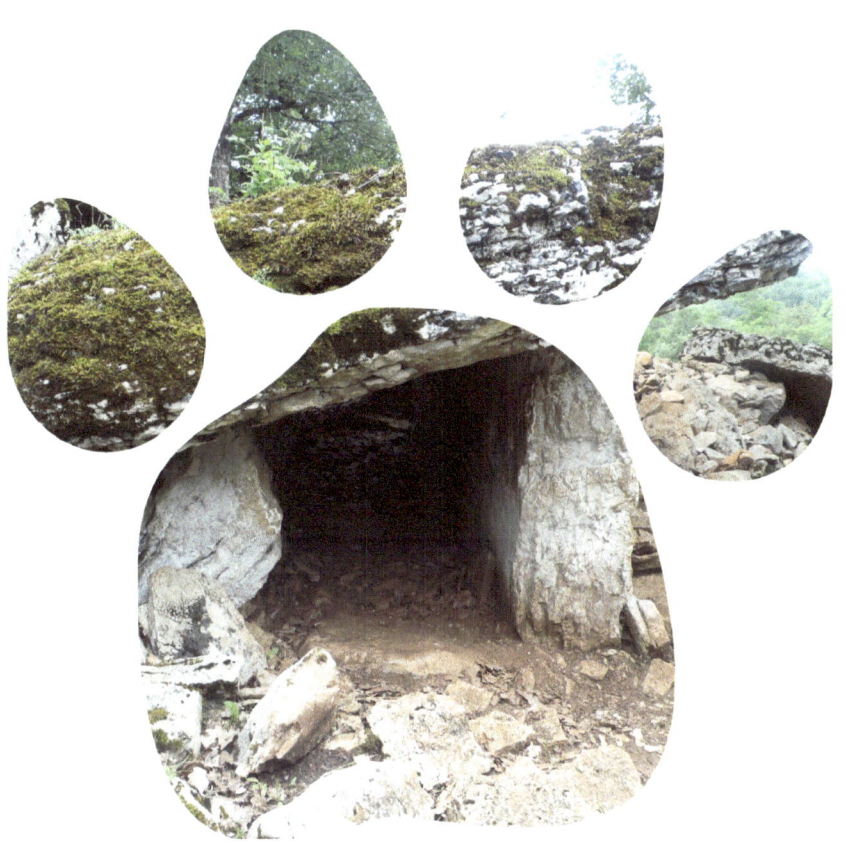

Mentions légales

Tous droits de traduction, de reproduction, d'utilisation, d'interprétation et d'adaptation réservés pour tous pays, pour toutes planètes, pour tous univers.

Site officiel : http://www.ecrivain.pro

Présentation des livres essentiels :
http://www.utopie.pro

Le sixième roman, **Un Amour béton,** fut publié le 22 mai 2013. Le même jour, l'album « *vivre autrement (après les ruines)* » est sorti en version physique, CD : http://www.chansons.org

Dépôt légal à la publication au format ebook du 22 juillet 2013.

Imprimé par CreateSpace, An Amazon.com Company pour le compte de l'auteur-éditeur indépendant **livrepapier.com** depuis le 15 décembre 2013.

ISBN 978-2-36541-490-6
EAN 9782365414906

Cajarc selon Ternoise Cajarc.info (Après Françoise Sagan, Georges Pompidou, Papy Mougeot : la beauté fut saisie...) **de Stéphane Ternoise**
© **Jean-Luc PETIT - BP 17 - 46800 Montcuq France**

www.ingramcontent.com/pod-product-compliance
Lightning Source LLC
Chambersburg PA
CBHW040217220526
45473CB00001B/19